青少年运动员体能训练与发展

司 偲 著

群言出版社
QUNYAN PRESS
·北京·

图书在版编目（CIP）数据

青少年运动员体能训练与发展 / 司偲著. -- 北京 ：
群言出版社，2023.12
ISBN 978-7-5193-0915-2

Ⅰ．①青… Ⅱ．①司… Ⅲ．①青少年－运动员－体能
－运动训练 Ⅳ．① G808.1

中国国家版本馆 CIP 数据核字（2023）第 253955 号

责任编辑：孙平平　朱冠锌
封面设计：知更壹点

出版发行：群言出版社
地　　址：北京市东城区东厂胡同北巷1号（100006）
网　　址：www.qypublish.com（官网书城）
电子信箱：qunyancbs@126.com
联系电话：010-65267783　65263836
法律顾问：北京法政安邦律师事务所
经　　销：全国新华书店

印　　刷：三河市腾飞印务有限公司
版　　次：2025年1月第1版
印　　次：2025年1月第1次印刷
开　　本：710mm×1000mm　1/16
印　　张：8.75
字　　数：175千字
书　　号：ISBN 978-7-5193-0915-2
定　　价：48.00元

作者简介

　　司偲，女，1986 年 2 月出生，硕士研究生，山东省济南市西城实验中学一级教师。曾效力于山东女子篮球队并担任队长，曾多次入选国家少年队、国家青年队、国家队，取得诸多骄人成绩，荣获国家健将级运动员称号，在《文体用品与科技》等期刊发表多篇专业学术论文。

前　言

青少年作为我国竞技体育人才的重要后备力量，在体能训练方面得以强化，有助于其运动成绩及综合能力的提高。因此，青少年运动员加强体能训练对身心健康发展有着促进作用。

目前我国青少年运动员体能训练存在诸多问题，如体能训练方案设计不够科学、训练方式过于陈旧等。笔者根据多年执教经验，提出应在青少年运动员体能训练中融入以人为本的训练理念、对体能训练的方式进行改革和创新、培养运动员的自我锻炼意识、对训练观念进行转变等，旨在为青少年运动员体能训练提供参考。

本书共五章。第一章为体能训练基本理论，主要阐述了体能与体能训练、体能与技战术的辩证关系、体能训练的基本路径与方法等内容。第二章为青少年运动员训练现状及发展指南，包括国际青少年体能训练研究现状及热点分析、青少年运动员基础夯实训练、"双减"政策视域下青少年体能训练发展的理论探讨与实践范式、体育强国背景下青少年体能训练的现实困境与突破策略等内容。第三章为青少年运动员训练中基础能力的评估，主要包括传统力量训练方法、青少年运动员训练的营养物质补充方案、青少年动作技能训练的阶段划分等内容。第四章为青少年运动员体能训练的主要方法与手段、主要包括核心力量训练、速度训练、灵敏素质及协调能力训练、耐力训练、柔韧性训练、养护与康复训练等内容。第五章为青少年运动体能训练的常见问题，主要包括放弃运动现象、比赛引发的问题、适合参加比赛的孩子的特质、如何预防压力和倦怠、青少年运动员体能训练误区等内容。

由于笔者水平有限，书中所涉及的内容难免有疏漏之处，希望各位读者多提宝贵意见，以便进一步修改，使之更加完善。

司　偲

2023 年 10 月

目　录

第一章　体能训练基本理论

良好的身体素质能够有效提升学习效率，为各项学习活动的展开保驾护航。随着社会的发展，部分青少年的身体素质逐年下滑。为了提高青少年的身体素质，必须从多个角度出发对青少年进行体能训练，使他们的身体素质得到提升。

第一节　体能与体能训练

近年来，随着运动技术水平的日益提高和比赛对抗强度的不断增加，体能已成为影响竞技能力形成的重要因素，体能训练也成为高水平运动员训练系统中不可或缺的主要子系统之一，尤其是在一些职业化的运动项目上，如足球、篮球、网球、拳击等，其重要作用更为凸显。在备战 2008 年和 2012 年奥运会的过程中，我国的许多运动项目都专门配备了体能教练，并取得了明显的效果。从某种程度上讲，体能已成为优秀运动员进一步改进技术、提高运动成绩的关键。目前，体能训练已受到世界各国竞技体育界的高度重视。

一、体能的定义

体能通常是指人体的基本活动能力，是人体各器官系统的功能在运动中的综合反映。不同的学者由于视角的不同，对体能的理解也各异。笔者在分析国内外训练学界关于体能不同界定的基础上，从广义和狭义的角度给出了解读和阐释。

（一）体能概念的厘定

"体能"是 20 世纪 80 年代中后期在各类体育报纸、杂志和文献资料上出现频率较高的一个词。同时，我国各竞技运动项目训练中都陆续开始强调"体能"训练。但对体能概念的理解还未实现完全统一。

1. 国外学者对体能的认知

1964 年东京奥运会期间国际体育科学大会成立了"国际体能测试标准化委

员会"，并制订了标准体能测试的六大内容：①身体资源调查；②运动经历调查；③医学调查与测验；④生理学测验；⑤体格、身体组织测验；⑥运动能力测验。美国健康体育休闲舞蹈学会对适能的定义：适能是个人运作的能力。适能好的人具备下列条件：①有应用现代医学知识的能力；②有一定的体力和活力以应付突发事件及日常生活；③有团体意识和适应团体生活的能力；④有丰富的知识以解决面临的问题；⑤有参加全面的日常活动应有的态度、价值观和技巧；⑥有利于民主社会的精神和道德特质。适能包括五个部分：体适能、情绪适能、社会适能、精神适能、文化适能。

美国运动医学学会（ACSM）认为体能指的是体适能，其构成成分：①心肺适能，心脏输送血液与氧气至全身的能力；②肌肉适能，肌肉的力量与耐力；③柔软度，自如移动关节的能力；④身体组成，脂肪占身体重量的百分比。

美国国家体能协会（NSCA）则认为体能就是"力量训练和体能训练"。该协会从力量训练和其他身体素质训练的角度出发，系统地提出了训练原则、训练方法、训练评价等方面的内容，以确保体能训练的科学性和有效性。

2. 国内学者对体能的认知

我国自20世纪70年代末重新加入国际奥委会以来，开始逐渐关注运动员的体能训练，也由此出现了"身体素质""体力""体质"等名词，直到20世纪90年代末，这一领域的轮廓才最终明晰。以下是一些专家对"体能"概念的不同表述。

董国珍教授认为"运动员体能是由其身体形态、身体机能及运动素质的发展状况所决定的。其中，运动素质是体能的外在表现，所以在运动训练中多以发展各种运动素质为身体训练的基本内容"[①]。王兴等人认为"体能即体力与专项运动能力的统称"[②]。

《体育词典》和《现代汉语词典》认为体能是人体各器官系统的机能在体育活动中表现出来的能力；它由力量、速度、耐力和柔韧性等基本的身体素质和人体的走、跑、跳跃、投掷、攀登、爬越、悬垂和支撑等基本活动能力两部分构成。以上主要是从竞技运动的角度，认识"体能"概念。

李之文教授将体能定义为：经身体训练获得的人体各器官系统的机能在肌肉活动中表现出来的能力，它包括身体形态的适应性变化和力量、速度、耐力和柔

---

① 董国珍.运动训练学[M].沈阳：沈阳体育学院教务处，1986.
② 王兴，蔡犁，吴雪萍，等.对竞技运动中体能训练若干问题的认识[J].上海体育学院学报，1998（1）：30-33.

韧等素质①。他整合了前人有关"体能"的各种论述,指出了体能与技能是紧密联系的平行概念。

《体育科学词典》将"体能"定义为"运动员机体的基本运动能力,运动员竞技能力构成要素的重要组成部分"②。根据运动员身体各器官、系统的功能结构特点,体能包括身体形态(反映人体生长发育状况的各环节高度、围度、长度、宽度和充实度等外部形态特征,以及心脏的纵横径、肌肉的横截面等内部形态特征)、身体功能(人体各器官的工作能力)、健康水平(包括运动员的伤病情况)、运动素质(运动员在运动过程中,机体各器官、系统在中枢神经系统支配下所表现出来的各种基本运动能力)。

全国体育院校通用教材《运动训练学》把体能定义为:运动员体能是指运动员机体的基本运动能力,是运动员竞技能力的重要组成部分③。在广义上,体能包括形态、机能、素质三方面;而在狭义上,运动员的体能水平通常指运动员的素质水平。将体能视为运动员先天具有的遗传素质与后天经训练形成的运动员在专项运动中所表现出来的机体持续运动的能力。

1999 年版体育院校成人教育函授教材《运动训练学》认为"身体竞技能力就是体能,是运动员竞技能力总体结构中的重要结构之一,它是指运动员为提高运动技战术水平和创造优异运动成绩所必需的各种身体运动能力的综合。这些能力包括运动员的身体形态、身体功能和运动素质,其中运动素质是最重要的身体运动能力,而身体形态、身体功能是形成良好运动素质的基础"④。

就健康体能来说,主要是指个人能胜任日常工作,有余力享受休闲娱乐生活,又可应付突发紧急情况,其具体要素主要包含肌力、肌耐力、柔软度、心肺耐力及体脂肪百分比五项。就一般运动体能来说,除了包括健康体能的五项要素之外,还包括敏捷、协调、平衡、速度、反应及瞬发等要素,因为与基本运动能力表现的关系较为密切,所以可将之归类于运动体能。专项技术体能则是指参与每一运动项目的选手,有他们特殊的运动体能,这些专项技术体能,事实上已融入了某种程度的运动技术,如篮球选手的专项技术体能就包括运球的速度、传球的能力、准确性(含定点投篮与移位投篮)、运球上篮的速度等。由于专项技术体能受运动项目的影响极大,因此,评量一个人的体能,通常通过健康体能与一般运动体能两部分来评量。

① 李之文. 体能概念探讨 [J]. 解放军体育学院学报, 2001(3): 1-3.
② 中国体育科学学会. 体育科学词典 [M]. 北京: 高等教育出版社, 2000.
③ 田麦久, 刘大庆. 运动训练学 [M]. 北京: 人民体育出版社. 2011.
④ 体育院校成人教育协作组, 教材编写组 [M]. 运动训练学. 北京: 人民体育出版社, 1999.

2001 年版的《体育与健康理论教程》中则描述为"体能指人体各器官系统的机能在身体活动中表现出来的能力。体能包括与健康有关的体能和与运动技能有关的体能。前者包括心肺耐力、柔韧性、肌肉力量、肌肉耐力、身体成分等，后者包括从事运动所需要的速度、力量、灵敏性、协调性等。其中一些体能成分既是与健康相关的体能，又是提高运动技能所需要的体能"[①]。

张建平对体适能、体能、身体适应能力、健康、身体素质几个概念的比较结果表明：体能—身体适应能力—体适能属于真包含关系，而不是全同关系；体适能与身体素质、健康在外延上部分重合，因此也不是全同关系，而是交叉关系[②]。

3. 体能概念的界定

在总结了国内外学者等观点的基础上，笔者认为，"体能"应从广义和狭义两个方面来理解。

广义的体能是人体为适应运动的需要所储存的身体能力要素，是人体基本活动能力的表现，是人体各器官系统的功能在运动中的综合反映。根据运动员身体各器官、系统的功能结构特点，体能主要包括身体形态、身体机能和运动素质三个方面，并受健康水平等因素的影响。身体形态是指机体内外部的结构和形状。身体机能是指机体各器官系统的功能。运动素质是指机体在活动时所表现出来的各种基本运动能力，主要分为五大类：①力量素质类；②速度素质类；③耐力素质类；④灵敏协调类；⑤柔韧平衡类。

对于运动员来说，体能是指完成高水平竞技所需要的专项力量体系及其相关运动素质的综合。在此，运动员的竞技表现则依赖于协调能力对能量输出、平衡感知等能力的有机整合，依赖于整体运动链的串接与构建，依赖于体能—心理等因素的调控与发挥。

（二）体能的系统结构

1. 体能的内部结构

体能的内部结构反映了体能系统内部各因素间的相互关系，是指体能系统内各要素之间的相对稳定的联系方式、组织秩序及其时空关系的内在表现形式。体能的内部结构取决于体能系统中的要素和由这些要素联系形成的关系及其表现形式的综合，这样的综合导致了体能系统的一种整体性规定。体能内部结构由身体形态、身体机能和运动素质三个子系统构成，并受健康因素的影响。

---

① 刘大海. 体育与健康理论教程 [M]. 北京：北京体育大学出版社，2001.
② 张建平. 体适能概念辨析 [J]. 体育文化导刊. 2002（6）：33–34.

（1）身体形态

身体形态是指身体内外部的形态，包括长度、宽度、围度、充实度等外部形态特征，以及心脏的纵横径、肌肉的横截面等内部形态特征。身体形态为运动员提供运动的力学条件，与身体机能一起构成体能的基础结构。身体形态是身体机能、运动素质等体能要素的基础，采用科学的方法塑造适合项目特点的身体形态无疑会为创造优异的专项成绩打好基础。

（2）身体机能

身体机能是指各器官系统的功能，一方面，身体机能对运动素质起基础作用，某种运动素质的高低，往往由多器官系统的机能水平决定；另一方面，身体机能也受运动素质的影响。

机体各器官系统的发育状况决定了相应器官系统的机能，身体机能的绝大多数指标主要由遗传决定。但对于高水平运动员而言，身体机能的微小差距，在某种程度上就会对体能产生决定性的影响，这也提示了科学训练对于体能的重要性。运动员身体机能系统主要包括心血管系统、免疫系统、内分泌系统、神经系统、骨骼肌系统与能量代谢系统等六大系统。

（3）运动素质

运动素质是体能组成的核心部分，是身体机能的外在表现。它包括力量、速度、耐力等。目前在许多运动项目中，往往把单一的运动素质作为体能，如耐力或力量，而没有整体地、系统地研究该运动项目的专项体能。因此，对运动员的体能训练主要局限于所谓的"专项运动素质"，甚至是单一运动素质这一单层次的理解上。

在运动实践中，竞技表现则依赖于协调能力对各因素的整合。例如，在刘翔的跨栏动作中所涉及的因素主要有动作技术、速度能力、快速力量、速度耐力、节奏能力、战术能力、柔韧性、无氧能力、有氧能力、平衡能力和感知能力等；再如，备战 2008 年奥运会跆拳道项目体能测试的内容主要有快速力量（纵跳、立定单腿两级跳远、实心球前后抛、侧向连续跨跳 10 次、杠铃高翻）、最大力量（负重蹲起、卧推、提拉杠铃）、核心力量（俯撑推拉球、20 次两头起）、平衡力量（平衡盘单腿蹲起 10 次、举铃下蹲）、有氧能力、基础速度（30m 跑、50m 或 60m 跑）、灵敏协调（起动变向跑、绳梯跑、左右过障碍跳）、柔韧素质等。

（4）健康水平

随着运动竞技水平的不断提高，训练负荷与比赛强度的不断增大，运动员的急性损伤也随之上升。

运动损伤的发生与各运动项目的专项特点密切相关。一方面，专项技术的特定要求和专项化训练的过度负荷是导致运动员发生慢性运动损伤的外在因素；另一方面，受伤部位（如腰、髋、膝、踝及肩关节等）的解剖结构薄弱是导致运动损伤发生的内在因素。再者，运动损伤的发生还与运动员的心理应激水平的降低有关。研究表明：①柔道项目的伤病以急性转慢性损伤为主，损伤易发生部位依次为膝关节、腰部、肩关节、踝关节和肘关节等；②冰球项目的易伤部位是腰部、膝关节、腕关节和踝关节等；③自由滑雪项目患病率居前7位的是腰背肌损伤、骶髂关节炎、脑震荡、膝关节胫侧副制带损伤、腰椎间盘突出症、膝关节半月板损伤和伸膝装置慢性劳损；④排球项目的伤病发生部位以膝关节最为常见，其次是腰部、肩部和踝关节；⑤足球运动的伤病以肌肉、肌腱和骨关节损伤为主；⑥篮球运动常见损伤部位是膝关节，其次是踝关节和腰部；⑦举重项目的易伤部位依次是膝关节、腰部、腕部、肩关节、肘关节和髋关节等；⑧田径运动员的损伤多发生在腰部、踝关节、膝关节、肩关节和肘关节等部位。

2. 体能的外部结构

体能的外部结构是指体能系统外部各个要素之间的相对稳定的联系方式、组织秩序及其时空关系的表现形式，是体能整体与外部因素间相互关系的中介，具体包括技战术能力、心理能力和运动智能等。

3. 体能系统结构与外部影响因素的关系

系统科学理论认为，系统集合了若干相互依存、相互制约的要素，具有特定的功能，同时这个系统本身又是更大系统的组成部分。体能作为一个系统除了具有自身完整的内外部结构外，还受到外部诸多因素的影响，例如训练理论、竞赛制度、先天遗传、恢复方法、场地器材、外部环境等。

4. 体能与竞技能力系统的关系

体能是竞技能力的重要组成部分，它与竞技能力系统中的各要素（技术、战术、心理和智能）相互联系、相互作用，共同构成竞技能力系统。

从运动员的身体形态、身体机能和运动素质等三个方面展开了相关指标的选择，身体形态主要包括长度、高度、围度、宽度和充实度等，运动素质则从力量、速度、耐力等方面选取，而身体机能主要包括有氧和无氧能力，以及生化监控指标等方面，如睾酮、皮质醇、血红蛋白、血尿酸等。但依据项目特点不同，运动项目在具体指标的选择上存有差异，根据各要素在项目体能训练中的重要程度，制定了体能训练体系的框架。

二、体能训练的意义

随着竞技运动水平的不断提高和比赛激烈程度的日益增加，体能训练的作用越来越受到重视，甚至被提到前所未有的高度。体能训练与技战术训练、心智能训练等有着密切的联系。

（一）有利于掌握先进的技术动作和提高运动成绩

运动员技术动作的完成和运动成绩的提高是以竞技能力的发展为前提的，而体能是竞技能力的重要组成部分，体能训练也就成为一项重要的训练内容。当前高水平运动员的竞争极其激烈，新的难度技术动作不断涌现，新的世界纪录被不断刷新，所有这些均由科学的体能训练作为支撑。

基于对不同项目国家队队员的训练实践，笔者认为，当前的体能训练已经成为众多运动项目取得突破的关键点，其科学化的训练程度也较之前有了明显的改观。笔者曾对国青队女子跆拳道重点队员进行体能素质的跟踪性研究，不难看出，无论是什么项目什么年龄的优秀运动员，其身体素质与其所完成的技术动作质量和运动成绩水平相关联。

此外，体能训练的关键在于根据不同运动项目的特点筛选出有效的运动素质指标进行测试和诊断，以设计出有针对性的方法和手段对运动员进行训练。往往有效的测试手段，也是常态化的训练方法。如跆拳道运动员的起动速度训练，虽然采取的是立定跳远这一测试指标，但立定跳远是在没有预摆情况下对运动员起动力量进行的测试，这会更加贴近跆拳道实战中踢腿和出拳的突发技术动作的要求。总之，体能训练已成为运动技术和运动成绩取得突破的关键，是运动技术和运动成绩提高的有力保障。

（二）有利于承受大负荷量训练和高强度比赛

据统计，一场高水平足球比赛中运动员在场上活动的总距离为 8 706—14 274m，需要快速冲跑 200 次左右，同时还要完成大量的爆发性动作。能量的直接来源是三磷酸腺苷，肌肉活动能量的最终来源是物质（糖、脂肪）的有氧氧化。三磷酸腺苷的再合成分别由三种不同的能源途径供给，首先启动的是磷酸原供能系统，其次启动乳酸原供能系统，最后是有氧氧化供能系统。在一场足球比赛中运动员的运动方式存在多种变化，就必然要求对人体三大供能系统都有不同程度的发展，但以无氧代谢和有氧代谢混合供能为主。因此，现代高水平运动训练要求运动员既要承受大负荷量，同时又要具备高强度的比赛能力。

现代运动训练的关键是训练质量的提高。在耐力性运动和球类项目中，年训练计划运动量有下降的趋势，但总体负荷量和比赛次数均明显高于以往。

（三）有利于防伤防病、延长运动寿命

随着运动竞技水平的不断提高，一方面是极限的运动负荷不断刺激着运动员的身心，另一方面教练员对养护性训练理念的缺失，致使训练和比赛中的伤病发生率长期居高不下。虽然针对伤病恢复的康复性体能训练已经较为成熟，但运动员伤病的发生率仍有增无减，仅从治疗和康复上无法真正解决训练和竞赛中的高伤病率的问题。运动员身体的不同部位均存在不同程度的运动损伤。为此，现代体能训练的一个重要功能就是预防运动损伤，帮助运动员延长运动寿命。通过针对性的体能训练，如核心稳定性训练，增强人体核心区肌群的力量，尤其是核心区深层稳定肌群的力量，这不仅可以有效地预防腰部伤病的发生，更为重要的是可以大大提高运动员的技术水平和运动成绩，并延长运动寿命。

第二节　体能与技战术的辩证关系

体能、技术和战术能力是运动员竞技能力中最重要的三个子能力，三者之间相互联系、相互制约、相互影响。技战术水平在比赛中发挥得如何，受到许多因素的影响，其中体能因素是最重要的影响因素之一。反之，技战术发挥得好与坏也会影响到体能水平的发挥。在这里之所以要探讨体能与技战术发挥的关系，是源于以下两个方面的原因：一是我国在体能的研究与实战方面与国外确实有差距；二是体能在现今的竞技体育中的地位正在发生改变。

一、体能是基础，技术是关键，战术是手段的传统观

（一）体能是技战术正常发挥的基础

1. 体能是基础

体能就像房屋的地基，体能训练就是在打地基。只有打好、打实地基之后，再在上面加砖添瓦，盖起的高楼大厦才能稳固，才能长久。作为体能因素的人体关节的结构特征、机能状况、动作速度、力量等对技术的完成和完成的质量有着重要的影响。这些体能因子的发展水平会直接影响技术完成过程中各部分肌肉用

力的协调配合。没有强有力的弹跳力和优秀的腰腹控制力,即使是乔丹也很难完成他的制敌绝招——后仰跳投技术。

2. 战术依存于技术,技术又是战术的基础

技术的全面性决定了战术的多样性,制订战术时必须考虑己方是否有高于对手的技术。2002—2003 年国家女篮取得了第 19 届亚锦赛、第 14 届亚运会的冠军和第 14 届世锦赛第 6 名的好成绩,这都源于她们有良好的体能。2000 年组建的国家女篮与 1996 年的国家女篮相比,在身高、体重和最大摄氧量上差异显著。1996 年的中国女篮最大摄氧量水平在 47.39ml/min·kg 左右,这样的有氧能力在攻守中是很难在全场比赛中都保持快节奏的,因此在进攻特点上主要以阵地进攻为主。而 2000 年组建的国家女篮经过两年多的系统的体能训练,最大摄氧量水平达到 53.73ml/min·kg,这一数值已经与一般水平的男子中长跑运动员相近,因此 2000 年的国家女篮的进攻特点才能以移动进攻为主。宫鲁鸣教练提出的"全时段、全场范围和全体人员"的技战术指导思想也才能有实现的可能。

一场高水平足球比赛中运动员在场上活动的总距离为 8 706—14 274m,需要快速冲跑 200 次左右,同时还要完成大量的爆发性动作,其中走步占 26.3%,慢跑占 44.6%,快速冲刺跑占 18.9%。足球运动对三大供能系统都有不同程度的要求,它是无氧代谢和有氧代谢混合供能的运动项目。乳酸值的变化随比赛的规模和水平的不同而呈现出差异。因此可以说,体能是技战术正常发挥的基础,而体能训练是顺利完成各项体育训练的基础。没有良好的体能,技能训练、战术训练等必将流于形式;没有高效的体能训练,体育运动竞技能力的提高就难以保证。

(二)体能与技术的不可分割性

"体能是基础,技术是关键",说明技术与体能两大方面的训练不可分割。在提高技术训练质量的同时,要发展体能训练;而在强调体能训练的同时,要尽可能多地融入技术训练之中,使技术更具活力与实践性。

据从东京第 4 届排球大冠赛归来的国家男排主教练邸安和介绍:我国运动员训练中的跳发球速度为 90km/h,而本次大赛中的国外选手发球速度一般可达 120km/h,甚至俄罗斯的某一运动员曾高达 170km/h。[①] 仅从发球的技术外形上看,

---

① 根据中国排球协会和国际排联的数据,2023 年中国男排运动员的平均跳发球速度为 95.2km/h,国外选手的平均跳发球速度为 125.7km/h,俄罗斯男排运动员德米特里·穆塞尔斯基的跳发球速度曾达到 189km/h。

国内外选手并无明显不同，但技术动作的质量和比赛中的使用效果存在着巨大的差异。

体能是学习运动技术的基础，也是掌握运动技能的保障，而体能训练就是使学生在速度、力量、耐力等方面不断增强的素质练习。这些素质练习为接下来的技能学习奠定了基础，有利于学生更好地掌握运动技术，提升运动技能。

《关于深化体教融合　促进青少年健康发展的意见》要求，在体育教学过程中，要学习理念，深化体教融合发展，推动青少年运动技术学习和体能练习协调发展，促进青少年健康成长为全面发展的人。

（三）体能与战术的不可分割性

一次成功的战术配合是多方面共同协调配合的结果，体能是其中的一个重要方面。

1. 战术形成需要以体能为基础，不同的战术需要的体能也不相同

一个战术的形成除了教练员的战术指导思想外，还必须有合适的运动员，其还要有保证战术高质量实施的体能。排球运动中著名的"魔鬼三角形"，就是要求高水平的排球队必须具备三种主要的、有决定意义的、必不可少的取胜因素：①快速多变的打法；②占有空中的优势；③完美无缺的技术。而这三个取胜因素必须分别依赖体能中的速度、弹跳力等运动素质。

当前，排球比赛中的短平快进攻的总时间值越来越短，因而同样打短平快其时间差异也越来越小（传扣时间约0.25s），但很可能就是这小小的差异决定了进攻的成败。因此，高水平的二传手都在高点二传、跳起二传及二传弧度上下功夫，副攻手与主攻手则在移动、助跑、起跳、挥臂、扣球等技术环节上挖掘速度潜能，以获得速度优势。快速能力还表现为运动员快速地判断和反应、快速地移动、富有创造力地快速解决问题。今后新的攻防队形和多种战术配合，定是着眼于提高攻防的速度。可以说，速度是排球运动的灵魂，是完成高质量战术的关键。

2. 战术配合需要充沛的体能做保证

战术分为个人、局部和整体战术。任何战术都不能离开体能这一重要因素，尤其是整体战术配合，更要求每个队员都能及时到位。战术配合中的局部与整体是相互影响、相互制约的。比赛中常常因为某一队员行动迟缓，而使攻防战术配合功亏一篑。例如，防守阶段成绩在整个竞速结构中已是强势因素，而与专项力量耐力水平对应的冲刺阶段成绩却是弱势环节。在足球比赛的制造越位过程中，一个后卫意识迟缓，体力不支，没能迅速跟上，便会造成战术被动。在比赛中整

体战术配合运用不当，使局部战术优势荡然无存的情况也时有发生。例如，边后卫助攻至底线传中，形成边路进攻的局部优势，但由于同伴没能及时跟上、包抄，而丧失战机。有时也因前锋队员堵截不力，造成边后卫助攻上去后却没迅速回防，而被对方抓住漏洞，使整体战术配合出现全面崩溃的现象。这些后果很可能是由于体能不够才出现的。因此，战术配合不但要有技术、意识做基础，同时足够的体能也是重要的前提。

（四）技战术水平的发挥对体能训练水平具有反作用

1. 合理有效的技战术能更有效地使运动员发挥体能训练水平

体能与技战术是相互联系、相互促进的，体能的优劣会直接影响技战术的发挥，技战术的合理运用又会促进体能的增强。运动员在体育竞技比赛中能否取得好成绩，技战术的发挥是关键，体能是物质基础。

例如，排球比赛中，传扣时间能否控制在 0.25s 左右对比赛能否取胜起决定作用，这就需要运动员在比赛整个过程中，拥有敏锐、快速的反应能力，并且结合运动员自身的弹跳力，迅速完成传扣动作，通过熟练的技战术取得胜利。如果仅仅具有快速的移动能力和反应能力，而体能不佳，比赛到一半就会有心无力，也很难获得成功。因此，体能与技战术是密不可分的，在训练中，应把二者相互融合，不断提高运动员的综合素质和竞技水平。

2. 技术差距导致比赛中体能不足

竞技比赛是技战术与体能紧密结合的统一体，体能的发展和改善必须与技战术水平的提升相同步。只有技战术达到一定水平，运动员提高了的体能水平才能在赛场上得以体现，取得理想的比赛成绩；仅仅坚持超负荷的体能训练，而忽视体能训练与技战术的结合或忽视二者的同步提高都不会达到理想效果。这种被动的局面必然导致过多消耗本身有限的体能，最终导致体能水平得不到淋漓尽致的发挥，有一种有劲无处使，或英雄无用武之地的感觉。例如，某女篮运动员在第一节比赛后的血乳酸值就高达 14.6mmol/L，远远高出全队的均值，迫使其在换下场后需要较长时间的休息才能重新登场。分析原因，除其具备较强的快肌工作能力外，是当时不会控制比赛节奏、技战术运用不合理、准备活动不充分等因素导致的。

传统观念认为，良好的体能水平是有效地掌握、提高和发挥运动技术、战术的基础，而只有正确合理地运用运动技术、战术，才能更有效地发挥身体训练水平，使得已获得的体能训练水平能在赛场上充分表现出来。但笔者认为，传统观念只是停留在一个较笼统的层面，它的对象是所有的运动项目，而且越是在竞技水平较低、层次相差较大的竞赛中或是在技术的学习掌握阶段以及一些新开展项目中，"体能是基础，技战术是关键"体现得越明显。

然而，通过对不同运动项目的体能特征进行仔细研究，发现在高水平的竞技比赛中，特别是在以体能为主导的大多数项目以及技能类的对抗性项目中，由于高手间技术的差别太小，体能的因素可以被看成取胜的关键。在这些项目中，完全可以用"技术是基础，体能是关键"的观念，来诠释体能的重要地位。

二、体能与技能的一元辩证观

所谓技能，是指运动员掌握和运用各种专项技术的能力，是按照各专项技术要求完成动作的能力。通常用生疏与熟练，协调与不协调，灵活、快速和多变等进行描述和评价。当技术运用成了动力定型，达到娴熟自如的境地时，常被称为"运动技巧"。技巧是技能的高级状态，在这种状态下，呈现出以下特点：①动作连贯、流畅；②运动员有意识支配肌肉活动的成分逐渐减少，不需要练习者时刻对动作细节全神贯注地进行控制，并能把注意力转移到完成动作的整体效果上去；③形成完成动作的特殊感觉，如各种器械感、水感、球感、空间感、时间感等，练习者在练习中凭借这些感觉去调节和控制动作；④动作稳定性高，即使在心理状态不佳、体力下降、外界条件干扰的不良情况下，也能保持动作的合理性和有效性；⑤动作外在表现轻松、自然、优美，富有魅力。

（一）体能与技能是内容与形式的一体两面关系

体能与技能是内容与形式的关系，它们对立统一在具体的专项动作行为过程之中，是一个事物的两个方面。技能是体能的运动形式，即项目运动的动作模式，体能是技能的运动内容，各自都不能脱离对方而单独存在。认为体能和技能可以脱离对方而单独存在，是脱离实际的错误观点。

体能在训练学中可用"kg（力量）、m/s（速度）"等物理单位进行比较和计算，可以用"力量、速度、耐力、快速力量"等用语来进行描述；而技能通常是用生疏与熟练，协调与不协调，灵活、快速和多变等进行描述和评价。在技能的高级状态，还可以用"连贯、流畅、稳定、轻松、自然、优美"等用语来形容。

（二）不同项目的技能所需的体能本质不同

不同项目的技能所需要的体能本质是不同的。它们使用相同的描述语言，反映的是物理单位的同一性而不是体能实体本质上的同一性。如同一斤铜和一斤铁，反映的是重量上的同一性而不是实体本质的同一性。在体育运动中，运动员转体720°和冲刺30m，虽然都可以用"s"来计算时间，都是讲速度，其计量单位也相同，但其体能的本质显然是完全不同的。我们不能因为体能实体本质的不同而否定其计量单位的相同，也不能因为计量单位的相同而认为完成这两个运动技能所需的速度（体能）就是一回事。在训练实践中，我们完全可以用相同的术语和计量单位来描述评价不同本质的体能，但同时必须清楚地理解不同体能的本质。可是在训练中，还是会出现这样的情况，属性概念与实体概念的混乱，使得本质不同的体能也被混淆。

三、技术是基础、体能是关键的理性观

（一）当前体能问题的突出是事物发展过程的客观规律的必然反映

从20世纪80年代开始至今，各运动项目基本已形成了完善的训练理论与方法学体系，构建了有效的高水平运动员训练的组织系统，引进了基于人们现实认识水平的各种科技成果，运动成绩也处于突飞猛进的态势。20世纪初至20世纪80年代中期，基本上所有动作技术较为单一的项目的世界纪录全被打破。迄今为止，这一成绩增长的趋势依然没有衰减，不仅几十年前人们预言的"人类极限"的成绩已不再是神话，而且现实已证实，人类身体可挖掘的潜力还有待再进一步。在新的发展阶段内，当人们尚未在各个领域取得新的认识与突破时，要获得更高水平的运动成绩，运动员自身的体能问题必然就突显出来了。

（二）主要运动项目的技术发展已基本定型，体能的作用则显得更为重要

可以这样认为，百年来运动员、教练员和科研工作者对各运动项目动作技术的研究，已使这些动作技术达到了较为完善的地步。各项目比赛中，由各种动作技术所组成的战术体系也已基本完善。随着各类教材与专著的出版，当前各种媒体的及时报道与信息在网络上的传播，这方面也基本无秘密可言。因此，要在运动比赛中取得胜利，取得优异的运动成绩，体能就成为极为突出的因素。

（三）训练条件逐渐接近，体能差异相应突出

竞技运动在全世界范围内得到广泛的开展，这与世界各国的政治需要及经济发展有着密切的关系。奥运成员国无一不把奥运会当作显示本国、本民族、本地区面貌和实力的舞台。为了本国运动员能在奥运会上取得金牌，各国都动员可能

达到的国家力量给予运动员的训练、比赛以支持，就是经济相当不发达的国家也是如此，只是做法各异而已。当前，没有国家的倡导和支持，庞大的运动员训练体系不可能正常运转，运动员也不可能创造优异的专项运动成绩，甚至连获取参赛的资格都办不到。特别是近三十年间，比赛成绩达到了极高的水平，参赛运动员间的成绩极其相近，竞争愈演愈烈。因此，各国都为高水平运动员建造尽可能现代化的训练场馆、提供接近于正式比赛时的装备和器材，进行深入的科学研究工作，收集最新的有关信息，甚至为了适应比赛举办地的气候条件和比赛气氛，不惜花费巨额路费在全世界范围内选择训练场地。所有这些使各国高水平运动员的训练条件极为相似，因此，体能的差异成为影响成绩的重要因素。

（四）技战术水平相近，运动员的体能成为取胜的关键

近年来，随着各项目技战术水平的飞速发展，比赛更加激烈。从各种运动项目的比赛中可以看到，单纯依靠技战术优势赢得比赛胜利的状况已经过去，技战术高人一筹的运动员或运动队由于受制于体能的不理想，往往不能赢得最后的胜利，尤其是水平极其接近的时候更是如此。

体能是运动员在比赛中有效发挥技战术的基础和力量源泉，只有有良好的体能，才能具备参与比赛的基本要素，才能在比赛中更有耐力，进而获得比赛的成功。例如，在篮球赛中，一个仰跳投动作，看似简单，在一瞬间完成，却是经过长期体能训练的结果。运动员既需要有良好的弹跳力，又需要有腰腹控制力，离开了平时的体能训练，无法顺利完成这一动作。

（五）没有体能做前提保证，技战术就没有展示平台

某篮球运动员说，他每次回到国家队，队友们首先不是说他技术怎么样了，而是说："瞧，你胳膊又粗了一圈。"他说："尽管我仍然坚持练跑、练跳、练力量、练身体，而且体能也长进了不少，但同 NBA 球员相比，我仍有差距，仍然吃亏。"他认为，只强调"用脑子打球"，而忽视身体训练，这种观念是不对的。他说："篮球是一项对抗剧烈的运动，而体能是基础。体能差，影响技术，这毫无疑问。比如，当你七拐八绕好不容易得到一个投篮机会，可你早就没劲了，那你还怎么投篮？还怎么保证你的命中率？反过来，如果体能出色，即使技术稍差，往往也不要紧，也能被好的体能所弥补，打出好球来。"

运动员要想在比赛中发挥出最好的技战术，也就是把平时水平发挥到最佳，就必须有足够的强过对手的体能优势，没有强大的体能做支撑就不可能在赛场上有完美的表现。体能也是比赛的一项重要考核指标。

体能训练是提高运动能力、避免运动伤害、提高运动成绩的重要因素。把握运动员训练的规律，做好训练的准备活动，根据各个运动员的特点进行全面系统的体能训练是比赛取得优异成绩的重要保证。

第三节　体能训练的基本路径与方法

一、体能训练项目的特征

体能训练项目的特征主要包括：规则特征、技术特征（动作外形与模式）、力学特征、战术特征（全攻全守、先快后慢等）、节奏特征、能量特征、体能特征、训练特征（效能、转换、周期等）、心理特征（意志力、注意力等）及伤病特点等。

（一）运动特点

体能训练项目的运动特点是指体能训练项目在运动过程中表现出的特殊性或独特性。不同的体能训练项目具有不同的运动特点，这些运动特点决定了体能训练项目的训练方法、手段和内容。

体能训练项目的运动特点主要包括以下几个方面。

1. 速度

速度是指运动员在单位时间内完成动作的能力。速度是体能训练项目中的重要素质，尤其是在短跑、跳远等项目中，速度更是决定性的因素。

2. 力量

力量是指运动员克服阻力或对抗阻力的能力。力量是体能训练项目中的另一重要素质，尤其是在举重、摔跤等项目中，力量更是决定性的因素。

3. 耐力

耐力是指运动员长时间从事某项运动而不疲劳的能力。耐力是体能训练项目中的基础素质，尤其是在长跑、游泳等项目中，耐力更是决定性的因素。

4. 灵敏

灵敏是指运动员快速准确地改变身体姿势和动作方向的能力。灵敏是体能训练项目中的辅助素质，但在一些项目中，灵敏也是非常重要的素质，例如体操、舞蹈等。

5. 协调性

协调性是指运动员使身体各部位的动作协调一致的能力。协调性是体能训练项目中的辅助素质，但在一些项目中，协调性也是非常重要的素质，例如篮球、足球等。

6. 能量代谢

能量代谢是指运动员在运动过程中的能量产生的方式。体能训练项目中的能量代谢主要有无氧代谢和有氧代谢两种方式。无氧代谢是指在没有氧气的情况下，能量通过葡萄糖的分解产生。有氧代谢是指在有氧气的情况下，能量通过脂肪和碳水化合物的分解产生。

7. 运动损伤

运动损伤是指运动员在运动过程中发生的损伤。体能训练项目中常见的运动损伤包括肌肉拉伤、韧带扭伤、骨骼骨折等。

（二）动作结构和肌肉工作特点

动作结构和肌肉工作特点主要包括：参与运动肌肉的收缩特点和参与运动肌肉之间的配合等。如常规滑冰时的膝关节角、蹬速、蹬力间的相互关系；赛艇拉桨力量变化曲线和赛艇划桨"蹦床效应"等。

（三）能量代谢特点

能量代谢是指在运动过程中各种能源物质分解所伴随的能量的释放、转移和利用。在不同项目运动中所需要的能量主要由三种不同的能源系统供应，即磷酸原供能系统、糖酵解供能系统和氧化供能系统，但在不同的项目中三种供能系统的比例和作用不同，在训练实践中我们常把这三种供能系统区分为无氧代谢、混氧代谢和有氧代谢。

1. 磷酸原供能为主的项目

举重类、投掷类、跳跃类、跳水类项目，主要以磷酸原供能为主。

2. 磷酸原和糖酵解供能为主的项目

100m 跑、200m 跑、50m 游泳、击剑、乒乓球、羽毛球等项目，主要以磷酸原和糖酵解供能为主。

3. 糖酵解供能为主的项目

400m 跑、100m 游泳、500m 速度滑冰、200m 皮划艇等项目，主要以糖酵解供能为主。

4. 糖酵解和糖氧化供能为主的项目

800m 跑、1 500m 跑、3 000m 跑、200m 游泳、400m 游泳、800m 游泳、500m 和 1 000m 赛艇以及公路自行车等项目，主要以糖酵解和糖氧化供能为主。

5. 糖氧化和脂肪氧化供能为主的项目

5 000m 跑、10 000m 跑、马拉松、2 000m 赛艇、60km 公路自行车等项目，主要以糖氧化和脂肪氧化供能为主。

（四）技术特点（关键的技术环节）

运动技术即完成体育动作的方法，是运动员竞技能力水平的重要决定因素，各个运动项目的各种动作，都有着符合人体运动力学基本原理的标准技术及规范的技术要求；但对每名运动员来说，只有依据个体特点，选择适合个人特征的运动技术，才能更为有效地参与运动竞技。

例如，当代短跑技术的关键环节是快速伸髋、鞭打扒地。优秀与非优秀运动员的主要差距在于：伸髋的速度与力量、落地的距离与缓冲。这与传统的技术要求（如快速伸膝、用力蹬地）有着天壤之别。

"跨栏步"在跨栏全程跑中占显要地位，完成跨栏步所需腾空时间和身体水平位移距离约等于起跨支撑所需时间及身体重心位移距离的 3 倍，这意味着起跨要花费很大的能量，每次过栏身体重心起伏差在 12—18cm，平跑时为 6—8cm，这就构成"跨栏步"支撑阶段动作由"跑"向"跨"的转化，无论在动作结构、用力性质还是动作意识上都有明显的不同。

再如，跆拳道项目的技术特点如下。①以腿法为主，拳脚并用。竞赛的需要、规则的限制、跆拳道攻击方法的特点等决定了跆拳道主要是以脚法攻击对方为主。进攻中髋关节的发力起主导作用，重视出腿的力度和击打的效果。在比赛中虽然可以使用拳法的得分技术，但往往只起到防守、格挡的作用。进攻时则主要是运用腿法攻击对方头部和被保护的胸腹部。②以刚制刚，直来直往。运动员在比赛中使用的技术多是以刚制刚，以直接接触为主，方法比较硬朗简练。进攻时都采用直线的连续进攻方式，以快速连贯的腿法组合打击对手；防守时的动作也是以直接的格挡为主，讲究以硬抗硬，以快制快。

二、把握个体特点

（一）运动素质

不同项目对运动素质的要求不同。如在足球运动员的运动素质中，核心要素为速度、灵敏和专项耐力；重要因素为快速力量和速度耐力；辅助要素为力量耐力、一般耐力、协调、柔韧。其中，前锋所需要的主要素质为灵敏、速度、爆发力；前卫为灵敏、协调、快速力量及速度耐力；守门员为灵敏、协调、弹跳、力量及柔韧。

（二）技术风格和用力特点

中国羽毛球运动一直持有"快""狠""准""活"的技术风格。中国羽毛球运动的特点是对运动员的综合素质要求较高，注重综合能力的提升。众所周知，羽毛球是一项令人轻松愉悦的健身运动，给人带来快乐的同时能够促进人的身体健康。我国羽毛球运动的技术风格的第一点就是"快"，也就是快速的意思。这要求在羽毛球运动中，在意识上具有较好的判断能力，反应较快。我国羽毛球运动的技术风格的第二点就是"狠"，也就是凶狠，要求在运动中找到较多的进攻点，打法要凶狠，要凌厉。我国羽毛球运动的技术风格的第三点是"准"，这要求运动员对于羽毛球的落脚点判断精准，抓准战机，对于整场比赛具有较强的控制能力。我国羽毛球运动风格的第四点是"活"，它可以解释为灵活，要求运动员不仅在握拍站位，而且在步法、打法上都要灵活多变。"快"居于这四大点的第一位，后面三点都建立在"快"的基础上。关于中国羽毛球运动的特点，总体来说，就是对技术以及体能素质的要求都比较高。

部分东方国家的羽毛球运动都强调羽毛球运动员技术的提升，不重视个人体能训练，忽略体能。相反的是欧洲国家的羽毛球运动员有着超强的体力，但是在技术方面又有所欠缺。中国的羽毛球打法则是结合了这两者，是较全面的战术。在理论上，中国式打法是较完美的打法，但是这对运动员的要求又很高，需要有一定的天赋，同时还需要持之以恒地进行训练。

三、训练方法的设计与实施

现代高水平运动员的体能训练均是个体化训练，训练特点越来越突出，训练的科学性和针对性越来越强，训练效益也越来越明显。因此，在体能训练方法的设计和实施时，应做到如下几点。

（一）从运动项目特征出发，从运动员个体特点入手

不同的运动项目有着不同的体能结构和训练重点。例如，网球运动，应重点围绕快速力量以及核心力量等运动素质进行训练，重点提升运动员的有氧代谢能力，这样才能具备满足比赛需求的专项能量储备。同样在进行体能训练设计时，

应重视运动员的个体特点，分析其体能方面的优劣势，力争做到拓优补劣，逐步完善其体能整体结构，提高核心运动素质水平，为竞技能力的提高和发挥提供强有力的支撑和保障。

（二）训练负荷结构及相关因素的考虑

一般来说，体能训练适应的形成主要经历以下五个阶段。①第一阶段（刺激阶段）：对运动员机体施加刺激阶段。这种刺激包括训练、比赛和日常生活中所受到的各种刺激（生理和心理刺激）。②第二阶段（反应阶段）：对刺激产生直接的应答性反应阶段，该阶段是由不适应所引起的暂时性反应阶段。③第三阶段（短期适应阶段）：对刺激产生局部或整体适应阶段，此阶段为开始形成适应阶段。④第四阶段（长期适应阶段）：机体各器官和系统在结构与机能上的改造及其完成阶段，即长期适应形成阶段。⑤第五阶段（训练适应的衰退阶段）：由于训练安排的不合理，或长期使用相同的训练负荷，则原本已适应的某些机能会出现消退。当然，即使经历了系统的体能训练，由于训练任务、负荷结构、周期安排、代谢形式、机体恢复和适应时间等诸多因素的不同，不同的运动素质表现在专项技战术能力上所需要的时间不同，不同负荷强度的训练所需要的恢复时间也不同。

根据训练适应规律，不同的运动项目，由于训练负荷、周期安排的不同，运动员竞技能力的高峰出现的时机也不同。以田径速度性运动项目年度训练为例，该类项目为传统体能类运动项目，多采用双周期安排模式。

（三）体能训练方法的效能分析

1. 卧拉与卧推练习的动作分析

（1）卧推练习

卧推练习主要发展胸大肌、三角肌前束以及肱三头肌等肌肉的力量。在实际训练中，这三块肌肉的做功贡献率均明显大于其他肌肉。因此，卧推练习可以作为专门性力量训练手段之一，但在训练中应严格保证动作的质量，避免多余动作所起到的助力作用。

（2）卧拉练习

卧拉练习主要发展斜方肌、背阔肌、三角肌后束和肱二头肌等肌肉的力量。但在实际训练中发现，采用传统的卧拉方式，发展的肌肉主要集中在上臂和前臂的小肌肉群，不能让运动肩带的大肌肉得到充分的收缩，而斜板卧拉则充分发展了肩带大肌肉群的力量，提高了上述肌肉做功的贡献率。

2. 不同负荷形式对不同力量素质的影响

采用三种不同的力量训练负荷形式，对最大力量、起动力量和肌肉横断面积有不同程度的影响。①以 90%RM（RM 表示某个负荷量能连续做的最高重复次数）的负荷进行 3 次重复的练习形式，对起动力量影响最大，其增长率高于 30%，而最大力量可增长 10% 左右，但对肌肉横断面积的影响最小，增长低于 10%，该负荷形式可以有效地发展起动爆发力，并且在这三种负荷中增长率也是最大的。②以 45%RM 的负荷进行 8 次重复的练习形式，完成练习动作速度尽可能地快，此方式对最大力量、起动力量和肌肉横断面积均有影响，但效果均不够显著。③以 70%RM 的负荷进行 12 次重复的练习，这种形式使最大力量的增长率高达 20%，肌肉横断面积也有 17% 左右的提升，但对起动力量影响较小，增长率低于 5%。因此，如要发展起动力量，①负荷形式最佳，③负荷形式最差；如要发展最大力量和肌肉横断面积，则③负荷形式最好，①和②负荷形式对肌肉横断面积的影响均不明显。

3. 不同训练方法对不同运动能力的影响

单独的 J（跳跃）训练对等长最大力量、等张最大力量和垂直跳跃力量的影响均不显著；采用 I+J（等长力量 + 跳跃）训练方法，对等长最大力量的影响显著，提高率可达 50%，但对等张最大力量和垂直跳跃力量的影响较小；而对于等张最大力量和垂直跳跃力量采用 W+J（力量 + 跳跃）训练方法效果最好，且垂直跳跃力量增长最明显，提高率接近 40%。

四、体能训练的监控与评价

现代科学监测仪器的使用，使得训练中的监控和评价成为可能。体能训练监控就是在体能训练过程中，运用一定的测量指标对运动员的训练效果和训练质量进行测量、分析与评价，以辅助教练员制订和修改训练计划、实施训练控制。其监控的意义在于：①通过对一定测量指标的测量发现训练中存在的问题；②对体能训练效果进行客观的分析和评价；③为制订更加合理的训练计划提供依据；④为教练员控制训练质量提供方法。因此，体能训练监控已成为现代高水平运动员进行体能训练的重要参考依据。体能训练监控也有其自身的监控指标体系，主要包括运动学指标（训练强度、训练量、训练密度等）、生物力学指标（力、距离、时间、速度、加速度等）、生理学指标（心率、血压、摄氧量等）、生物化学指标（血乳酸、血糖、血氨、血清肌酸激酶等）和心理学指标等，这些指标的使用为体能训练科学化提供了依据，虽然目前仍存在多种指标的效度问题，但无疑它们对提升体能训练的科学化水平做出了应有的贡献。

以跆拳道后横踢动作的肌电测试分析结果为例：在后横踢动作中，股二头肌的力量最大，其次是左臀大肌和右臀大肌，左右竖脊肌，而腹直肌的力量最小。各肌群的放电顺序是左右竖脊肌首先放电，其次是左臀大肌，左右股二头肌，接着是左右腹直肌，最后是右臀大肌。整个动作持续 0.64s，各肌群的持续时间最长的是左臀大肌，左右股二头肌，其次是右臀大肌，接着是左右腹直肌，左右竖脊肌。

第二章　青少年运动员训练现状及发展指南

了解国外青少年运动员的训练现状及发展状况，可以更好地分析我国青少年体能训练的现状与特点，也可以为青少年运动员体能训练方法提供理论依据以及为将来的发展提供方向。

第一节　国际青少年体能训练研究现状及热点分析

青少年是我国未来社会发展的希望，社会各界始终关注着青少年的健康成长，少年强，则国家才能强大。因此只有提升青少年的总体身体健康素质，才能确保国家以及民族的强盛。但相关数据统计表明，国内青少年的身体综合状况在不断下降，具体表现为肥胖、近视、骨质生长质量差等，这些都表明了青少年的体质状况不容乐观。国务院曾在 2007 年对外发表公告要求提升青少年的身体素质，并给出了相关意见，意味着青少年体质健康问题已到了刻不容缓的解决阶段。2020 年体育总局、教育部联合发布了《关于深化体教融合　促进青少年健康发展的意见》，可见我国政府对于青少年的体质健康问题非常关心。评价青少年身体健康素质水平的重要指标就包括了"体能"。从概念上来看，"体"可以理解为人的身体，"能"代表了人的身体所具备的能力。"体能"组合起来表达的意思是人的身体具备的某种能力。围绕着人的身体进行的体能训练，包括对人体的各项综合指标进行强化，如速度、力量、柔韧性、灵敏度等。

我国国民综合体质在近代社会中得到了显著提升，从原先的体育弱国逐步迈向体育强国。然而，在这样的大背景下，青少年体质健康问题仍然存在，这无疑应引起我们足够的关注和重视。笔者分析了国际社会上青少年体能训练方面的研究资料，对青少年体能训练有关的问题进行了梳理，从中寻找解决问题的答案。

一、国际青少年体能训练研究进展

（一）青少年体能训练研究发文量年度分析

笔者在研究期间借助信息工具搜索了 Web of Science 核心数据集，最终收获文献资料 1 591 篇，对于其内容进行研究了解到 2012 年至 2020 年相关的体能训练研究资料数量快速增长，资料数量涨幅达到了 200%。但是不同年份的文章发表量有很大的差异，在 2012 年、2013 年及 2018 年发文量有所下降，从数量上来看，这一时间段内，平均每年的发文量在 100 篇以上，2015 年之后平均每年的发文量在 159 篇以上，总体保持了平稳的增长态势。

从现有的研究资料中能够发现，国内学者对于青少年体能训练进行了深入的研究，但是国外学者同样在持续研究，随着时间的推移将会产生更多的研究成果，给青少年体能训练的优化提供更多的建议和参考。

（二）青少年体能训练研究领域的高产国

根据统计结果，2011—2020 年共有 88 个国家参与了青少年体能训练方面的研究，整体发表的文献资料达到了 1 304 篇，发文数量最多的则是美国，在总发文量中占到 27.09%。按照发文量的高低顺序排列，从第二到第六位的国家为澳大利亚、英国、西班牙、加拿大和巴西，平均下来每个国家的发文量都超过了 100 篇。而我国针对青少年体能训练研究的发文量相对偏少，在世界排名中只占到第十的位置，与发达国家相比差距依然存在。在这种背景下可以参考国外的体能训练相关理论，并且开展国际交流。

（三）青少年体能训练研究核心机构及其分布特征

选择研究机构的文献发布量进行调查，发现文献资料发表分布范围非常广泛，现存的研究资料总共出自 345 所研究机构，而这些研究机构广泛地存在于世界各地。从研究机构发表的文献数据上来看，发表文献数据最多的为英国纽卡斯尔大学，数量有 39 篇。按照数量多少排序划分，排名在前 10 位的另外几所学校分别为悉尼大学（发表了 25 篇）、迪肯大学（发表了 23 篇）、多伦多大学（发表了 23 篇）、澳大利亚天主教大学（发表了 22 篇）、圣保罗大学（发表了 22 篇）、埃克塞特大学（发表了 19 篇）、巴塞尔大学（发表了 17 篇）、卡尔加里大学（发表了 17 篇）、渥太华大学（发表了 15 篇）。为了区分出核心研究机构，可参考普赖斯定律进行计算，据此可以判断核心研究机构的发文量应当在 5 篇。按照该标准进行划分有 80 多所研究机构符合这一标准，而且总发文量为 724 篇，在总发文量数据中占据 45.5% 的比例。根据研究机构普遍存在的共性可知，主体研究机构会与同行业的研究机构形成合作关系，并注重学术上的交流和沟通。比如纽卡斯尔大学就选择了与悉尼大学、迪肯大学、澳大利亚天主教大学等机构进行合作互动。根据收集到的资料，发现我国的香港大学在该领域选择与英国的纽卡斯尔大学进行沟通并达成了一系列合作。总体而言，青少年体能训练研究核心机构并不孤立，在世界范围内形成了较为广泛的合作。

（四）青少年体能训练研究核心作者分析

从作者的角度展开研究，在搜索过程中总共发现有 1 591 篇文献资料，但是对作者信息进行统计，结果表明作者人数达到了 408 位。参考普赖斯定律计算出核心作者，结果显示发表数量超过 4 篇的作者即可被认证为该领域的核心创作人。符合这一标准的作者有多位，比如戴维·鲁班发表数量最多，达到了 31 篇。另外，还有 33 位作者发表数量为 233 篇，在总发文数量中占据 12.9% 的比例，核心创作者创作的文献资料内容整体偏少，所以针对该领域的研究仍然有待升级。国际社会上针对青少年体能训练的研究人员呈分散态势，而且研究员的合作过于分散，不利于加强沟通。但经过长期的演变，该领域的创作者们也会逐渐加强联系，比如戴维·鲁班组建了个人的研究团队，同时也选择与其他作者合作，同时发布的文献数量最多，可见只有加强了合作，提高研究深度以及广度，才能够提升该领域的总体研究水平。

通过对国际上的青少年体能训练进行综合分析得出以下结论。

① 2011 年至 2020 年，国际上关于青少年体能训练的文献研究数量在逐渐上升。其中发文量最多而且影响力最大的是美国的研究机构，而中国虽然排在前 10 名的位置，但是影响力相对偏弱。

②经过对比发现，国际上青少年体能训练研究核心作者的分布过于分散，而且合作关系松散，但是也有一部分核心作者形成了稳定的合作团队，则预示着该领域的作者将会逐渐加强联系，而且国际上的共同合作也必然会成为潮流。学术核心研究机构主要集中在英国的纽卡斯尔大学、澳大利亚的悉尼大学等，这些学府机构已经产生了密切的合作。

二、"硬币"式的两极分化

赛场上的成功通常与周密计划、刻苦训练以及全身心投入紧密相关，竞技训练也毫不例外。所有成功的运动员都是训练有素的个体，他们在特定的体育活动方面优于常人，且多年遵循着精心设计的长期训练计划。运动领域中的训练就是通过不断重复、执行渐进式的练习，挖掘个人潜能、创造最佳竞技表现的过程。对运动员而言，这意味着通过长期的训练计划，调节身体和心智直至适应竞技比赛中的每个细节，最终取得优异的成绩。

尽管很多教练员和体育教师都能够制订赛季性的训练计划，但是如果可以超越这种短期方法，着眼于规划运动员的长期发展，则更有必要。合理的训练应该始于儿童时期，让运动员的身体和心智得到循序渐进式的系统发展，直至获得长期的卓越表现，而非昙花一现。

然而，儿童的训练计划经常会以知名精英运动员的训练计划为蓝本，因为这些优秀运动员在国内外大赛中取得的优异成绩让青少年运动员和他们的教练员为之向往。此类计划的追随者始终认为，如果这套训练计划适用于科比·布莱恩特或西德尼·克罗斯比，那么它也一定能在他们的运动员身上奏效。

教练员通常只会机械地执行此类训练计划，既不去评估其对年轻运动员兴趣的匹配程度，也没有固定的指导理念，如训练原则等。教练员和家长只需点击计算机的鼠标，便可以从网站上或文献中下载到复杂的训练计划，然后开始盲目地指导自己的运动员，几乎不考虑他们当前的身体需求。当然，这些教练员和父母并非有意地想伤害或毁坏运动员的发展。相反，他们只是希望能够在激烈的竞争环境中，为接受训练的运动员们提供脱颖而出的机会，然而越是这样越容易适得其反。我们经常看到父母让自己的孩子参加某个项目的运动或比赛：比如，约翰尼想在美国冰球职业联盟打球，而朱莉想成为一名职业足球运动员并带回一枚奥运会金牌。在这两种情况下，父母很可能将孩子对某个项目的早期爱好，误解成围绕该项目制订计划、实施训练以及发展技能的契机。我们发现很多 6 岁儿童的身体素质发展全部围绕某个特定运动项目。事实上，应当鼓励孩子们参加到各种游戏和活动玩耍之中，并进行多种形式的运动，以提高他们的运动能力、肌肉力量并促进神经发育。孩子并不是"小大人"，他们身上复杂且不同的生理特性必须被考虑在内。

一个极端是部分儿童运动员在单一运动项目上投入了太多的精力，或者过多地进行专项化训练，而忽视了必要的多方面发展；而处在另一个极端的孩子则有典型的超重、暴饮暴食和营养不良的情况，且习惯于不健康地久坐不动。

在二十世纪八九十年代，美国及世界范围内儿童期肥胖比率逐渐增高。根据美国疾病控制与预防中心（CDC）的数据，2003—2004 年美国 6—19 岁的儿童和青少年群体中，超过 33% 的个体具有超重的风险，而 17% 的青少年属于超重。根据 CDC 的数据，2017—2018 年美国 2—19 岁儿童和青少年的肥胖患病率为 19.3%，其中 13.4% 为肥胖，5.9% 为严重肥胖。与 2003—2004 年的数据相比，2017—2018 年美国儿童和青少年的肥胖患病率有所下降，但这仍然是一个严重的问题。根据 CDC 的数据，2019—2020 年美国 2—19 岁儿童和青少年的肥胖患病率为 22.2%，与 2017—2018 年的数据相比略有上升，其中 14.4% 为肥胖，7.8% 为严重肥胖。

肥胖和体重增加的趋势因性别、人种及民族而表现出差异性，然而这种趋势的首要问题是儿童变得越来越胖、越来越不健康，也变得越来越不愿意运动。对这些儿童而言，训练计划不应只关注何种类型的运动最优，而应把重点放在任何可以让儿童持续参加的体育活动，尤其是能加强心血管练习的锻炼活动，如散步、跑步或自行车骑行，只有这样才能够减少健康风险，提升他们成年后的健康水平。

第二节　青少年运动员基础夯实训练

当运动员结束竞赛或训练之后进行短暂休整时，更衣室和训练馆中最常谈论的话题就是"夯实基础"。运动员的身体在紧张的赛季或训练后，通常疲惫不堪，急需休整放松，当然最重要的是获得能量再生。一旦身体从比赛的压力和束缚中恢复过来，那么利用一定的时间重建力量、耐力、速度、灵敏度以及所有重要专项运动能力的基础对于运动员无疑就会变得至关重要。强大的基础最终会促成最佳表现并减少运动损伤。

儿童在早期就应该建立动作技能的基础。很多诸如跑步、跳跃、垫步跳以及俯卧撑和引体向上等技能，它们并不是在豪华的体育场馆或运动员发展中心内习得的，而是在街角、公园或自家的庭院内学会的。孩子就是孩子，他们不是有抱负的专业运动员。澳大利亚的南澳大学的研究人员分析了 1964—2010 年 9—17 岁儿童跑步速度和心血管耐力的变化数据。结果表明，跑动速度和耐力随着时间的推移而下降。从本质上说，孩子的健康状况已经大不如他们的父母。究其原因可以归结于许多因素，包括电子游戏的风靡、久坐习惯以及含糖饮品的过度摄入。尽管过度沉迷于游戏对健康是否存在确切影响尚未得到证实，但是任何限制个体参与规律性体育活动的行为都会对心血管健康产生不利影响。

儿童的整体健康趋势并不乐观。孩子肥胖和活动不足的情况正在日趋加重。随着技术的进步和行为的变化，诸如不再步行或骑行上学等因素，对引发目前的健康危机有一定助力。孩子需要变得活跃起来。我们不是在谈论长期的运动能力发展或高水平训练营，而是在单纯地讨论更多的运动机会对孩子的必要性。美国有许多管理机构，包括疾病预防控制中心，建议儿童每天以跑步、跳跃、垫步跳、自行车骑行以及增加肌力的方式进行 60—90min 的体育活动。

每个人都能够接受"生活不易"的观点。事实上，平衡工作与家庭生活之间的需求和期望在最近的几十年里变得愈发困难。久坐不动的生活方式让我们不够健康、疲惫不堪，甚至经常生病。作为社会的一分子，每个人都需要变得更加健康，而最佳的改变就应从积极活跃的生活方式开始。然而，大幅削减孩子坐在电视或游戏机前的时间肯定阻力重重，让他们走出房间参与到街头曲棍球或者篮球游戏当中更是难上加难。过去，孩子们至少会花费一些体力和时间步行到小伙伴的家中，或者到公园嬉戏。如今，他们在社交媒体网站或手机上"流连忘返"，不愿跨出房间半步。时代发生了变化，但是连接家庭与社区的体育组织始终保持着开放性。很多组织和机构都能够向儿童和青少年提供参与篮球、足球、橄榄球、冰球以及其他很多项目的训练和比赛机会，孩子们参与活动的动机完全出于对运动和团队配合的热爱，他们没有向更高一级联赛晋级的压力，也不用考虑是否能获得奖学金，或能否成为一名职业运动员。如果你刚好是一位正在试图鼓励孩子变得更加活跃、寻求锻炼方法以适合孩子的力量和耐力发展并且希望帮助孩子建立良好社交圈的家长，那么就可以到自己所在的地区寻找这类社区体育联盟。想要促进孩子积极主动地参与运动，就灌输给他们终身运动的价值理念，没有比这更好的方式了。

下面列举了参加有组织的体育项目的益处。

①可以促进技能、力量和耐力的提升。

②可以改善心理健康和注意力水平。

③可以在一个安全的环境中，学会重要的生活准则，包括自我尊重和尊重他人。常言道："在团队中要忘记自我。"

④可以教会孩子关于胜利、失败以及全力以赴的人生重要课程。

⑤可以为教练员、家长、组织者和其他运动员提供正面的榜样。

⑥可以在非胁迫的环境中得到运动和锻炼的指导，从而激发参与的积极性，促进健康成长，并进一步提高运动水平。

当谈到青少年的训练和运动能力发展时，很明显有些孩子极其活跃并在运动过程中专注于表现的提升和个人的成长；有些孩子则积极参与，也享受运动，但更愿意在一个非竞争性的安全环境下进行；还有些孩子则不愿意参加任何形式的运动或锻炼，他们很少能够达到基本体育活动水平。

如果要让运动员从强调全面发展的一般训练顺利过渡到强调项目特征的专项训练，那么正确的训练哲学就成为重中之重。训练哲学对计划制订、计划实施以及避免过度训练具有重要意义。

一、长期训练计划的制订

长期以来，一些教练员就认为：一个运动项目训练的最佳途径应当是在幼年时期就要启动专项化的训练。该观点也的确得到了很多运动生理学家的支持，所以时至今日有些教练员仍然对此深信不疑，并将其作为训练原则。他们认为，想要在最短的时间里获得成效，训练计划必须做到以下几个方面。

①强调该项目中占主导地位的供能系统。例如，短跑运动员必须围绕冲刺跑练习进行磷酸原供能系统的训练，而长跑运动员则只应当进行有氧供能系统的训练。

②遵循动作技能的专项化原则。这意味着，运动员进行的练习必须对项目中所运用到的各种技能模式进行模仿，并且只涉及执行专项技术所需要的肌群。

虽然实验研究表明，专项化训练的结果是能更快地适应训练并带来更大幅度的表现提升，但这并不意味着教练员和运动员必须从早期就要开始结合专项化训练。在这种狭隘地看待儿童运动参与的视角中，训练的唯一目的就是迅速取得优异的成绩而不考虑可能会对青少年运动员未来产生的影响。在快速获益的尝试中，教练员让孩子们进行高度专项化和高强度的训练，而不是花时间让孩子们建立一个良好的基础。这就像在劣质的地基上建造高楼，如此明显的施工问题，显然会导致建筑物坍塌。同样，在运动员做好心理和生理上的准备之前，一味地将运动员的发展局限在一种运动项目上，通常会导致以下结果。

①造成单侧肌群和器官功能的发育受限。

②造成身长发育和体内生化平衡的紊乱。而这些方面是一个个体健康成长的先决条件。

③长此以往，会造成过度使用、过度训练，甚至造成运动损伤。事实上，青少年运动员不应该错误地认为他们年轻的身体可以承受任何形式的压力并且最终会"反弹"提升。这样做可能只会适得其反。

④对孩子的心理健康产生负面影响。因为这种训练方式会使青少年产生较高水平的压力。

⑤长时间的大强度训练会干扰儿童社会关系的发展。例如，孩子们可能无法结交到训练队员之外的朋友。

⑥影响孩子的参与动机。因为训练项目太过紧张、枯燥而缺乏乐趣，极易导致青少年运动员在生理和心理发育成熟之前就放弃该项运动，具有天赋的青少年也许永远都不会发现自己的才华。

二、全方面发展

对于儿童而言，发展各种基础技能非常重要。在他们开始接受专项化训练之前，首先要在综合能力方面得到均衡发展。这就是所谓的全方面发展，它是儿童及青少年最为重要的训练原则之一。

东欧国家普遍很重视儿童及青少年的全方面发展或综合技能的发展，他们的一些体育学校能够提供基本的训练计划。进入这些学校的儿童可以得到基础技能的发展，如跑步、跳跃、投球、接球、翻滚等能力。他们会变得非常协调，能够获得个人或集体类项目（如篮球和足球）制胜所必需的基础技能。绝大部分的训练计划中还包含了游泳学习的内容，因为游泳可以帮助儿童发展有氧运动的能力，同时最大程度地减少施加在他们关节上的负荷。伴随对儿童运动员训练计划多样化以及技能发展需求多样化的正确认识，在整个北美洲，大批体育学校迅速开办，并且获得了高度聚焦运动能力发展的一系列学术成果。

如果我们鼓励儿童发展多种技能，那么他们更可能会在一些体育活动中体验到成功。部分儿童会渴望进行专门的训练，让自己的天赋得到进一步发展。一旦儿童对自身运动能力的发展表现出了兴趣，我们就必须向他们提供必要的指导和机会。要成为一名世界级的运动员需要多年的训练，我们必须为那些愿意为追求卓越而拼搏的青少年运动员提供充分的、基于科学原理的系统性长期计划。

尽管运动项目和个体间的差异会因年龄的变化而不同，但是这个模型还是论证了渐进式发展的重要性。金字塔的塔基由"全方面发展"构成，我们可以将其视作所有训练计划的基础。当这种发展达到了一个可以接受的水平，运动员们就可以进行某个项目的"专项训练"，从而进入发展的第二个阶段，直至获得"高水平的运动表现"。

全方面发展的目的是要提高机体的整体适应性。运动能力获得发展的儿童和青少年可能会更好地适应训练负荷，而不用承受早期专项化训练的压力。例如，中长跑项目的青少年运动员的确可以通过跑步进一步发展他们的有氧运动能力，但他们也更容易因过度训练而遭受运动损伤。立志成为职业棒球运动员并不意味着跑步就是该运动员唯一可以锻炼心血管的运动。相反，其他技能，如跳跃、攀爬以及自行车骑行也会有助于肌肉力量的发展。在身体可以专注于特定的运动模式之前，促进神经肌肉的发展，并帮助运动员享受各种动作技能，是很有必要的。此外，在青少年时期就着重将无轨迹拉力练习或者哑铃练习（很多教练员都错误地把这类练习视为专项动作来训练运动员）作为提升棒球项目运动员挥棒能力的手段是没有必要的，尤其是当运动员还无法完成一些基础练习，如俯卧撑或引体向上时，更是如此。

专注于基础技能和专项能力的训练能够让青少年更好地保护自己。就像在成长过程中，我们会告诫儿童不要急于求成，也告诫自己不能"拔苗助长"。我们常对他们说，"像孩子一样就好"，因为他们还需要很长时间才能步入成年。运动领域亦是如此。作为一名在年龄和生理功能上成熟的运动员，专项化训练将不可避免地会成为重点。运动员的训练需要安全地向专项化训练过渡，并从专项化训练的强度中有效地恢复。专项化训练主要受制于运动员的整体力量发展水平以及协调性和神经系统的发展，这些内容也是全方位训练的关键部分。

我们应当鼓励青少年运动员发展自身运动项目以及其他项目所需的各种制胜技能和运动能力。例如，针对儿童和青少年全方面发展的运动计划需要包括发展有氧能力的低强度练习，提升无氧能力、肌肉耐力、力量、速度、灵敏性、协调性以及柔韧性的练习。聚焦运动能力整体发展的同时，兼顾运动专项技能的全方面训练计划，将会在日后的发展阶段促成更加理想的运动表现。全方面训练计划能够提供很多益处。如果我们想要培养出优秀的高水平运动员，就必须做好推迟专项训练和牺牲短期成绩的准备。下面的两项研究及相关政策的出台便可证明这一观点。

德国曾进行过一项具有里程碑意义的跟踪性研究（历时 14 年），9—12 岁的儿童被分为两组：第一组儿童执行的训练计划要在指定的运动项目中，进行早期的专项化训练，练习的内容和训练方法应当围绕运动项目的需求来制订；第二组儿童则按照一套综合性的计划进行训练，在涵盖一些专项性技能练习的同时，还融入了其他各种项目的技能练习以及全身性训练。这些结论都证实了只有牢固的训练基础才会促成运动员的成功。

我国政府推出的《全民健身计划（2021—2025 年）》，旨在促进全民健身向更高水平发展、更好满足人民群众的健身和健康需求。该计划强调了全面创新，以人民为中心，着力破解当前困扰全民健身发展的一些难点问题，提出了切实可行的举措。这个计划的目标是实现体育强国，任重而道远。这个计划也强调了全民健身融合发展的重要性，包括深化体教融合、推动体卫融合、促进体旅融合等。

《青少年早期专项化训练学者共识》[①] 中明确指出，尽管诸如体操、跳水等运动项目要求很早进行专项化训练，但绝不能忽视早期专项化训练极易对动作技能学习、运动技能学习、体能训练科学化、长期职业生涯发展及身体健康等造成的不良影响。对于大多数运动项目来说，青少年相对较晚地进行专项化训练，或早期进行多样化训练且在晚期进行高水平专项化训练，成年后在竞技体育领域获得成功的概率更高。上海市在高中阶段进行了专项化体育课程改革，这项改革成果被列入 2018 年教育部"全国学校体育教学、训练、竞赛及条件保障体系建设优秀改革成果"名单。这项改革的目标是让学生拥有"一技之长"，并且这项改革的实践研究荣获了 2018 年国家级教学成果二等奖。

随着人们对世界范围内竞技比赛关注度的提升，运动员在很小的年龄就潜移默化地被鼓励接受专项化训练。青少年运动员正在采用的艰苦训练计划，与成人的训练模式很类似。在此类训练计划的安排中，每周训练时间都要超过 10h，这可能导致很多后果，包括对运动员生理、精神以及情绪方面带来的诸多问题。有学者认为单个运动项目过早的专项化训练可能会造成许多生理方面的影响，具体情况如下。

①重心从一般性（发展）训练向专项化训练转移，会导致动作技能发展的退步。

②不合理的训练强度和训练量增加了心血管及肌肉骨骼系统的损伤概率。

③由于营养常识的欠缺，无法均衡膳食中宏量营养素与微量营养素的关系，最终造成恢复不佳。

④训练时间过长造成了过早的精神倦怠。

⑤过度训练造成了过早的伤病。

我们应当重点关注过早地将运动员置于大大超出身体恢复和自愈能力的训练之中可能带来的负面作用。虽然关于开始专项化训练的时间点的争论仍在继续，但优先考虑的应该是运动员的长期身心健康，以及能以最低的损伤风险开发最大潜能的方案，这些原则是始终不变的。

虽然全方面训练在运动员发展的早期阶段尤为重要，但它同样也是高水平运动员训练体系中不可或缺的一部分。哪怕全方面发展与专项化训练的比例在长期的训练过程中存在着显著的变化，运动员还是需要将早期阶段已经建立好的全方面能力持续贯穿在整个职业生涯之中。例如，简（Jane）是外国一名 12 岁

① 李丹阳，赵焕彬，杨世勇，等.青少年早期专项化训练学者共识[J].成都体育学院学报，2020，46（3）：112-121.

的网球运动员。她每周都要进行 10h 的网球训练，以及 4—5h 的其他全方面能力的练习，包括柔韧性、基本力量以及灵敏性练习。当然，家长或教练员也许认为进行更多的网球练习会使简成为更加出色的球员。然而，增加的网球专项化训练时间是以减少全方面训练的时间为代价的。从短期来看，简的网球技术可以获得提升，但是保持基本身体素质的训练不足，则会阻碍网球专项能力的长期发展。如果简在 18 岁时，还不具备良好的身体素质，那么就会表现出击球力量不足、场上移动缓慢、灵敏性和速度下降，而最终无法使其整体的网球竞技能力得到提升。

在专项化训练和全方面发展之间的长期比例方面：随着简的成长，全方面发展所占的比重会略有减少。如果简在 12 岁时每周进行 4—5h 的全方面训练，那么到她 16 岁时全方面训练的时间可以减少到每周 3.5—4h。与此同时，她的网球专项化训练会从每周 10h 增加到每周 14—16h。

三、专项化发展

当运动员建立好一个坚实的全方面能力基础后，就可以进入专项化训练阶段，此时他们希望针对某个个人项目或集体项目中司职的场上位置进行专项化训练。想要在项目中获得高水平的运动表现，专项化训练必不可少，因为它能够让运动员的身体、技术、战术以及心理等方面得到适应，同时这是一个复杂的过程。专项化训练开始之后，运动员就必须为训练量与强度的持续增加做好准备。

专项化训练应当同时包括促进特定运动项目能力提升的练习和发展一般运动能力的练习。当然，这两种练习方式的比例会随着项目的不同而呈现出很大的差别。以长跑运动员和跳高运动员为例，长跑运动员的训练内容由很大部分的跑动练习或者提升有氧耐力的训练（如骑行和游泳）组成；而在跳高运动员的训练计划中，跳高专项练习可以占到四成，发展项目中的专项运动能力的练习（如负重训练）占到六成。

从开始发展各种技能，再到接受某个项目的专项化训练，直至最终达到最佳运动表现，都有一个大致的年龄区间。需要切记的是，即使在专项化训练阶段，运动员用于专项练习的时间也只能占到全部训练时间的 60%—80%。运动员需要平衡全方面发展和专项能力提升的时间。

一旦运动员决定进行专项化训练，他们就必须准备用专项训练的方法，适应运动项目对心理和生理的需求。训练要求将显著提高，正式的测试评价也开始启动，教练以年度为单位根据比赛日程来安排训练。

专项化训练的起始年龄，根据运动项目有所不同。在那些要求动作艺术美感、发展复杂动作技能以及高度柔韧性的项目中，如体操、跳水、花样滑冰等，运动员通常在年龄较小的阶段就开始进行专项化训练了；而如足球、棒球、排球等以速度和爆发力为主的项目，运动员在幼年时期则主要进行基本动作技能的练习。只有当运动员能够高效应对高强度训练的情况下，他们才能开始专项化训练。在绝大多数要求速度和力量的项目中，专项化训练应当在青春期生长突增高峰末期开始；而对于那些由最大耐力决定成功与否的项目，诸如长跑、高山滑雪以及自行车项目等，运动员的专项化训练应当更迟开始。一些耐力型运动员往往在 30 岁或更大的年纪才会取得优异成绩。

四、提高训练的多样性

在青少年运动员发展的整个过程中，他们通常需要经过数千小时的训练，为各种能力的发展而重复进行成千上万次的练习。因此，如果训练计划不能在严格监督运动员的基础上适时变化调整，那么很多运动员将难以承受来自身体和心理的双重压力。在运动员成长过程中的每一个阶段融入各式各样的练习，用以发展一系列技能时，不仅能够帮助运动员构建新的能力，同时还可以有效地防止倦怠、厌烦和伤病。

绝大多数的集体类项目会向运动员展示更多训练方法。在如冰球、棒球、篮球等项目中，运动员为了追求卓越表现必须完成多种技能的练习。而其他运动项目，特别是个人项目，如游泳和自行车项目，训练中的多样性则相对较低。例如，游泳运动员很少参加其他运动项目，并且经常进行相同技术元素的练习——每天训练 2—3 个小时，一周训练 4—7 天，全年训练 45—50 个星期，且这种训练安排将持续 20 余年。这种重复性训练可能会导致过劳性损伤和诸多心理问题，特别是由单调和倦怠引起的情绪问题。

为了克服这些问题，教练员应该将多种练习融入每一堂训练课之中。借鉴其他运动项目中的技术动作，可以丰富教练员的指导。教练员还可以增加一些训练以发展项目专项运动能力，如速度、力量和耐力。例如，存在肌肉过度疲劳或过劳性损伤的中长跑运动员可以将间歇训练安排在水中完成，这种方式比在硬质跑道上练习能获益更多。高山滑雪项目也可以作为发展耐力的运动项目选择，其不会将类似的压力施加于腿部关节。具有创造力和丰富知识的教练员拥有独特的优势，因为他们能够将各种练习方法设计在每堂训练课中。条件允许的情况下，将训练课安排在远离日常训练环境的地方，可以保持青少年运动员的兴奋感。

教练员也可以采用将部分训练课的授课内容（如热身部分）和其他项目运动员一同进行的方式，以使训练课富于变化。例如，橄榄球运动员可以同田径运动员一起热身，因为后者的热身活动包含了更多的灵敏性练习。篮球运动员也可以同中长跑运动员一起进行草地上的热身活动，完成一些间歇训练（例如，以60%—70%的速度完成6组时长1min的热身练习，每组之间慢跑4—5min）。同样，棒球运动员可以同田径场上投掷项目的运动员一起使用实心球热身。当然，还可以设计一些训练课，鼓励运动员在休赛期通过参与到其他运动项目中来发展特殊的运动能力。例如，长跑运动员可以通过高山滑雪、骑行或者游泳发展耐力。

进行多种练习还可以发展运动员执行专项动作以外的肌群。过多的专项化训练可能会导致过劳性损伤，引起主动肌（主导专项动作的肌群）和拮抗肌（阻碍主动肌运动的肌群）之间的不平衡。当这两组肌群之间存在明显的不平衡时，主动肌过大的牵拉力量很容易导致拮抗肌肌腱和肌纤维组织的损伤。因此，将多种练习整合，动员身体多个部位的肌群参与运动，能够降低损伤概率。同时，动作的多样性还可以提升协调性和灵敏性。具有良好协调性和灵敏性的运动员可以快速学习并掌握高难度的技能。

那些富有创新意识，并且能够把多样性融入训练计划的教练员将会见证这种方式带来的益处。运动员也会保持高度积极性，而且不太可能遭受因过度训练而带来的损伤。

五、了解个体特征

每名运动员都具有独特的个性特点、生理特征、社交表现以及智力水平。设计个性化的训练计划，是通过主观和客观测量手段，确定一名运动员的优势和短板的重要一步。不同运动员对训练的承受能力存在显著的差异。为运动员制订有效的训练计划时，教练员必须考虑个体的优势和不足、个体的健康状态、训练课和连续比赛之间的恢复速率以及性别差异。

此外，严格基于实际年龄划分儿童和青少年并不可取，因为相同年龄的孩子可能在解剖学成熟度上存在着若干年的差异。因此，对骨龄、生物龄以及运动年龄加以充分考虑十分重要。

（一）解剖学年龄

我们可以通过识别特殊的生理特征对解剖学年龄加以判断。

解剖学年龄证实了生长发育的复杂性，同时也解释了为什么一些儿童在发展技能和动作能力方面快于或慢于同龄人。一名解剖学角度发育较快的儿童，学习多项技能的速度比那些发育较慢的同龄人更快。尽管很多儿童的生长模式都是类似的，但是差别依然存在。气候、纬度、地势以及生活环境等，都会对青少年的发育速率产生明显的影响。生活在气候炎热的国家的儿童在性发育、情绪与生理方面表现出更快的成熟度。因此这些国家或地区，14—18岁青少年的运动表现提升的速度，比气候寒冷的国家的同龄人更快。与此相似的是，生活在高纬度地区的儿童在耐力项目的表现方面，比生活在低纬度地区的儿童更加突出。肯尼亚的跑步运动员则一直垄断着田径比赛中的长距离项目。由于高海拔地区比低海拔地区的空气含氧量更低，因此在高海拔地区生活的个体适应了在低氧情况下进行活动。因而，来自这类地区的个体遗传基因在耐力方面表现出众。他们比来自平原的运动员具有更加高效的氧气利用率。

从运动能力发展的视角来看，第三阶段（6—18岁）最为重要。因为，在这个阶段中，运动员会经历身体与技能发展的不同阶段。很多项目，如冰球或橄榄球项目的运动员需要具备多种技能和运动能力，并且要为日后的发展夯实基础。而在其他项目中，如体操，运动员需要实现运动表现的最大化。在学校就学的最后阶段，那些打下坚实基础并渴望在某个项目中获得卓越表现的运动员，才具有开始专项化训练的能力。

（二）生物学年龄

生物学年龄指的是身体器官和各个系统生理发育的程度。它有助于判断运动员在训练和竞赛方面的身体潜能是否可以达到较高水平。在对运动员进行分类和选拔时，教练员必须考虑到生物学年龄。如果根据实际年龄制定僵化的分级体系，将会导致误判、误估或者低效决策。

两名解剖学年龄相同的儿童运动员，尽管具有同样的身高、体重和肌肉发育程度，但是其生物学年龄可能存在差异，他们完成训练任务的能力也有所不同。一名高个子儿童，尽管看上去比较强壮，但不一定是速度型运动员。同样，一名矮小的运动员在集体类项目中的某个位置很可能展示出更好的灵敏性。解剖学年龄具有显性特征，而生物学年龄则无法直接观察到，一名在体型上没有突出特点的运动员，很可能拥有一颗强有力的心脏或是更高的氧气利用效率，该特征使其非常适合耐力项目。为了能够识别儿童的训练潜力，就必须通过一些简单的测试，评价他们的生物学年龄。

如果不对生物学年龄加以审度，那么想要判断某名儿童是否因太过年轻而无法完成特定技能或者承受特定训练负荷将变得异常困难。同样，想要评价一名年长运动员的潜力也并非易事，因为很多人或许认为自己已经年龄过大而不具备完成高水平表现的潜能。很遗憾，在一些项目的训练计划中，部分教练员仍然将实际年龄作为运动员分级的主要标准。

考量个体在生物学年龄上的差异非常重要。下列事实则证明了国际比赛中不同项目的运动员之间生物学年龄上的巨大差异。

①罗马尼亚运动员康斯坦丁娜·托梅斯库·迪塔 38 岁时参加了 2008 年的北京奥运会并获得了马拉松项目的金牌，她也是世界上获得该项目冠军年龄最大的运动员。

②日本运动员竹本正男 33 岁时获得了 1952 年赫尔辛基奥运会体操项目银牌。

③美国运动员塔拉·利平斯基 16 岁时在 1998 年长野冬季奥运会上获得了花样滑冰金牌。

④1992 年 7 月，13 岁的中国运动员伏明霞获得了巴塞罗那奥运会女子 10m 跳台金牌，成了奥运会历史上最年轻的冠军。

⑤加拿大运动员戈迪·豪 52 岁时仍在国家级冰球联赛中效力（其职业生涯从 1946 年起直至 1971 年，退役复出后，又从 1979 年参赛至 1980 年）。

事实上，上述名单只列举了很少一部分取得优异成绩的运动员，为的是说明实际年龄并不能真实反映出一名运动员的生物学潜能水平。

（三）运动员年龄

教练员对于解剖学年龄和生物学年龄通常选择主观判断，因为精确地评估实施起来非常困难。因此，很难对儿童和青少年参加高水平竞赛的时间做出判断。很多国家和国际体育组织已经针对既定年龄下的个体所具备的生物学潜能开展了大量科学研究。虽然这类决策经常伴随着争论，但是一些组织机构还是对最小参赛年龄做出了规定。

运动员年龄，特别是项目规定的最小年龄和参加高级别比赛的规定年龄对于制订长期训练计划具有重要的意义。在绝大多数的项目中，训练计划应当结构化，以确保儿童和青少年循序渐进地发展，不要过早专项化。如果教练员关注运动员的长期发展，那么他们将培养出更多的世界冠军。

六、合理增加训练负荷

了解增加训练负荷的方法对于良好训练计划的建立至关重要。儿童和青少年的训练量和质量直接影响到他们运动能力的提升。在生长发育的阶段，运动员根据自身需求逐渐增加训练量。在对特定训练负荷产生适应之后，运动员应对训练、比赛压力及项目需求的能力也将得到提升。渐进式发展的运动员，将更有可能适应长期的训练安排。

青少年运动员提升运动表现的速度取决于他们增加训练负荷的速率和方法。如果他们以近乎相同的水平长时间保持不变的负荷（即标准负荷），那么就几乎看不到任何表现的提升。如果他们过多地增加训练负荷，也许效果立竿见影，但产生运动损伤的概率也将大大增加。因此，对于青少年运动员而言，缓慢地增加训练负荷非常重要。虽然短期内很难取得显著效果，但这样更有利于激发运动表现长期发展的潜能。

在生长发育的早期阶段，很难监控青少年运动员的训练负荷，因为力量、速度、耐力等表现的提升很可能是正常生长发育的结果。然而，循序渐进式地增加训练负荷也很重要。例如，10—15 岁的棒球运动员，在整个赛季里的标准负荷是每周训练两次、每周末比赛一场。如果单从训练刺激的结果来看，他们在赛季中的表现也许不会显著提升，但是生长发育的正面影响一直存在，因此运动表现仍然会有所改善。如果整个训练量没有增加，那么进一步发展棒球技能和专项运动能力会很困难。所以，处在生长发育中的青少年运动员的训练计划可以逐步在以下几个方面增加训练负荷。

（一）训练课的持续时间

每堂训练课的持续时间可以从赛季初到赛季末逐步增加。例如，逐渐从 1h 增加至 2h。

随着训练时间增加至 1.5h，通过选择各种练习和活动来保持孩子们的兴趣就显得格外重要。教练员还应在训练和练习之间安排更长的休息时间，确保孩子们可以更加自如地应对疲劳。需要注意的是，在炎热和潮湿条件下进行的训练课，其持续时间始终都应短于常规训练课的时间，因为此时孩子们更容易感到疲劳。

（二）练习的数量

为了逐步增加训练负荷，运动员还可以在每周计划和年度计划中的各堂训练课中都增加练习内容。增加有利于体能发展的技术训练或者练习的重复次数，也必然提升运动员的表现。随着练习和训练量的增加，教练员要密切监控每组练习之间的休息间隔。更长的休息时间会让运动员有更多精力完成训练计划中的所有任务。

（三）训练课的频率

为达到提升青少年运动员运动表现的目标，需要循序渐进地不断刺激青少年运动员的身体，教练员必须定期增加每周训练课的次数。因为技能主要在训练课期间而非比赛中提升，认识到这一点十分重要。如果想要青少年运动员能够不断掌握运动项目中的各种技能，发展未来比赛所需的运动能力，那么训练课的安排次数就必须多于参加比赛的次数。因此，家长应该要求教练员和体育教师将训练课和比赛的频次比安排在 4∶1—2∶1 之间，集体类项目尤其需要如此。这种安排会让运动员在之后的运动生涯中获得回报，因为运动员在理想的年龄阶段建立了最佳的技能基础。

通过延长赛季以确保比赛开始之前有更多的时间用于准备的教练员，会见证由此带来的积极效果。相对于集体类项目，这一点在个人项目（如田径和游泳）中尤为明显。在足球、棒球以及橄榄球等集体类项目中，在赛季开始之前，通常只会安排极少的训练时间。

最理想的状况是在全年的大部分时间里进行练习，因为这会让专项技能和运动能力得到更好的发展。教练员和家长可以利用一个较长的季前训练期，与运动员一起探讨技能习得，而不是在顶着比赛压力的情况下学习。现今的训练安排的通病在于运动员根本没有"降速休整"的机会——他们在赛季中没有恢复的时间，也无法单纯地参加一些有趣的活动。父母和教练员总是将孩子从一个赛季的比赛中迅速带至赛季间隙的专项训练营，或者让他们参加室外或室内场地举行的周末联赛。他们在内心深处总是担忧，一旦运动员的身体进入较低负荷的水平，他们的技能发展就会停滞不前。但事实恰好相反，我们的身体会利用这种"降速期"加强对心肺、神经、肌肉以及其他重要系统的整合，帮助运动员充满活力地面对训练频次的递增。在常规赛季结束后，教练员不要增加更多的比赛场次或者增加运动员的训练负荷，而应该组织运动员进行基本训练。

倘若教练员和体育教师没能实施这样的训练计划，家长则应该做到这点。地下室、停车场、一块开放的区域、家中的后院都是发展简单技能，尤其是运动能力的最佳场所。事实上，发展基本力量或耐力，先进、复杂的设备并不是必不可少的。

一些孩子也许只用了几个月的时间进行某个运动项目的训练，但通常这几个月正是竞争激烈的比赛季。随着年龄逐渐增长、经验更加丰富，青少年运动员要想获得优异的表现和成绩，就应当在专项化训练中投入更多的时间。一旦青少年运动员决定参加某个运动项目的专项化训练，他们的训练时间将可能达到 10 个月甚至超过 1 年。

当然，我们建议训练频率的提高也要循序渐进。在训练之初，训练安排可以从每周 2 次、每次 60min，增加至每周 2 次、每次 75min，直至达到每周 2 次、每次 90min。如果你将 90min 视为儿童可以承受的训练时长上限，那么每周训练课的频率可以由每周 2 次增加至每周 3 次。在运动员潜能发展的后一阶段，训练频率可以提高至每周 4 次或 5 次（有些运动项目甚至可以更高）。

当生长发育阶段中的训练频率达到了上限时（例如每周 3 次的 90min 训练课），可以增加每堂训练课的练习内容和训练次数。具体可以通过下述两种方法加以实现。

①增加休息前的练习次数（例如，从一组 8 次的练习增加至一组 10 次、12 次甚至 14 次）；

②减少每组练习之间的休息间隔时间（例如，从休息 2min 减少至 1.5min，再至 1min）。

（四）阶梯递增负荷

逐步增加训练负荷非常重要，因为当运动员一直采用标准负荷训练时，他们的表现提升很可能就此停滞，这种情况在青少年阶段同样如此。增加训练负荷的最佳途径就是了解并运用"阶梯法"。

在前两个阶梯中，每一级台阶代表一个训练周，渐增式的负荷对青少年运动员适应更大训练负荷的能力提出了挑战。随着运动员出现疲劳症状，从第三周开始训练负荷开始略微下降，使得体能在训练负荷进一步增加之前获得恢复。

10 岁以后的运动员以及高水平的青少年运动员需要面对更具挑战性的训练计划。在训练的前三周中，训练负荷逐周增加，由此提高适应水平，并最终获得优异的表现。在台阶的第三级末端，疲劳症状处于最高水平，因此从第四级开始，负荷开始轻微下降，以满足恢复的要求。如果第三周之后仍然增加训练负荷，那么将会导致疲劳的进一步积累，此时将处于疲劳水平的临界点，极易造成过度训练。如果没有将"能量再生周"即能量及体能修复期融入训练计划，运动员不仅要经历疲劳，还可能遭遇伤病，并且很可能失去继续训练的兴趣，并最终退出。

需要注意的是，训练课数量在第三个台阶达到了最大峰值的每周 4 次。如果你运用的是针对儿童的三周阶梯法，那么进阶的方式是，第一个台阶由每周 2 堂训练课组成、第二个台阶由每周 3 堂训练课组成。训练课的时长以相同的方式增加。

再生周是阶梯法的关键。运动员在最高级台阶的尾声已经开始疲劳，此时仍旧按照相同的训练负荷继续训练是错误的做法。为了青少年运动员的健康，训练要求应当在再生周有所降低。这样有助于移除身体的疲劳、放松身心以及补充能量。再生周结束时，运动员获得了足够的休息，可以为下一周或两周的负荷增加做好准备。

随着再生周的结束，可以再次运用阶梯法，但应稍微提高训练要求。在季前训练的开始阶段，可以将训练负荷增加 5%—10%。随着运动员对该训练负荷的逐步适应，在进入赛季前训练的第二阶段时，训练负荷可以逐步提高 10%—20%。

阶梯法在季前训练中最为有效，因为此时运动员的训练主要是为即将到来的比赛做准备。当进入竞争激烈的赛季，这种方式将失去作用，特别是集体类项目，因为运动员需要在每周的周末进行比赛。所以，在赛季期间，每周的训练负荷相对稳定，再生周的需求是消除赛后疲劳。运动员在一周的中段完成最大负荷的训练，并在比赛的前一天（或最多提前两天）进行低强度训练，这样他们就不会因为疲劳而影响到比赛日的运动表现。

当然，也可以采用其他方式进行周计划的制订。教练员可以每周只安排 2 堂训练课，每堂训练课的强度保持稳定。如果孩子们出现了疲劳症状，那么就要适当降低训练的强度。记住，获得足够休息的孩子总会在比赛中有着更好的表现。

必须将青少年运动员的训练视为一项长期工程，在生长发育的每个阶段，训练的负荷必须循序渐进地增加。在儿童时期，通过全方面发展而非单一的专项化训练有利于建立良好的训练基础，从而为青少年运动员追求优异表现提供更加坚实的基础。由于运动员之间存在着个体差异，多种训练方法的提供以及在不同阶段合理安排渐进式的训练负荷有助于训练计划制订得更加高效。

第三节 "双减"政策视域下青少年体能训练发展的理论探讨与实践范式

一、青少年体能训练的重要性

（一）开展体能训练符合学校体育发展的需要

从当前的体能训练现状来看，学校的体育教学活动种类丰富，比如很多学校设置有多种课程，包括篮球、足球、羽毛球、乒乓球、田径、健美操等，部分学校也会根据当地的特色设置具有本地特征的项目，如轮滑、武术等项目，然而却忽略了体能训练的重要意义，实际上体能训练是开展运动项目的重要基础。青少年群体的体能水平直接影响着青少年是否能够熟练掌握运动技巧。为深入贯彻党的十九大和十九届五中全会精神，切实提升学校育人水平，持续规范校外培训（包括线上培训和线下培训），有效减轻义务教育阶段学生过重的作业负担和校外培训负担，国家推出了"双减"政策，有效地缓解了学生的时间不够用的困境。学生闲暇时间增加之后，学校可以利用这部分时间进行体能训练。体育教学当中重视体能训练，将会产生一系列的积极意义：有助于优化教学模式，为教学增添更多新鲜内容；突破了传统教学模式的束缚，为学校的体育教育发展提供了更多便利条件[①]。

（二）开展体能训练是提高青少年运动技能的需要

青少年时期是人生发展的关键阶段，我们必须把握机遇，全面促进青少年学生的身心健康发展。特别是在运动机能、身体机能的提升方面，如果能够使用科学的体能训练方式，不仅可以提升青少年的心肺功能、有氧运动能力，还可以促进骨骼生长发育，带动体内新陈代谢，从而提高学生的速度、力量、协调性以及柔韧性等素质，全方位地提升学生的运动能力。制订出合适的体能训练方式是提高青少年学生身体综合素质的常见方式，但是需要根据学生的自身条件以及运动特征选择最佳训练方案，积极地开展体能训练。这种方法可以在短时间内让学生们掌握体育知识和运动技巧，产生主动参与运动的热情，为学生在生活中以及体育课上开展体育运动打下坚实基础。

（三）开展体能训练是促进青少年身心全面发展的需要

当前社会发展的节奏日益加快，生活方式的改变使得部分青少年产生了一系列身体问题，如近视、脊柱侧弯、高低肩、肥胖、骨盆前倾等。这是生活作息不规律、缺少充足的运动、长期熬夜晚睡导致的，这样下去身体的机能将不断下降。因此学校应更新教学内容，引进现代化的体能训练方式，丰富体育教学的元素。通过这些方面的改变，能提升学生参与体育课程的意愿，强化学生的健康意识。参与体育锻炼活动，能够减少心理压力、消除紧张情绪，有助于学生实现身心健康发展。

---

① 高炳宏.我国现代体能训练的现状、问题与发展路径[J].体育学研究，2019，2（2）：73-81.

二、青少年体能训练开展的现状

（一）训练内容单一，教学方式传统

传统模式下，学校开展的体育教学活动，以跑步和高强度训练为主，但这些训练活动对青年学生而言非常枯燥，内容单调。一部分体育老师没有充分认识到体能训练的意义，认识上的不足导致学生不情愿参与训练，被动式的参与违背了学生的主观意愿，影响了教学的整体效率。要想提高学生的参与度，建议体育教师创新训练方式和方法，提供多样化的训练手段，引导学生们认识体能训练的重要作用。应尝试采取游戏教学方式，营造出轻松愉快的学习环境，鼓励学生们积极参加。客观来说，体能训练并不是单纯的高强度训练，除跑步、举哑铃等外还可以设置多样化的游戏。这不仅能够提高学生的体能水平，还可以使学生们产生集体荣誉感和竞争意识。

（二）青少年体能训练内容结构失衡

从时间上来看，国内学者针对体能训练方面的研究开展得相对偏晚，大多数是参考国外的研究，并没有深入分析各项动作的原理和规律，导致体能训练的内容不合理，比如只关注力量、速度、耐力等三大素质的训练，却忽略了灵敏度、协调性等素养的训练活动，这一点不符合全面发展的理念。开展三大素质的训练时，教师们没有优化教学内容，主要依靠传统的深蹲、俯卧撑、仰卧起坐等，这些方式过于简单，而且功能性、系统性、整体性较差。在开展速度训练时，往往关注起跑、冲刺跑等，没有向学生们讲解变速、减速和急停的技巧，在耐力训练上往往使用长跑训练的方式，而且训练方式枯燥单调，所以青少年就会丧失对体能训练的兴趣，这种情况下将会影响学生的体能发展。

（三）缺乏系统性的训练计划

开展青少年的体能训练，需要按照循序渐进的原理制定出有针对性的训练方案，但是当前的训练模式仍然存在着零散化的现象，缺少系统性，部分教师采用了灌输式教学方法，作为学生只能被动地参与训练，导致训练效果脱离了原定的目标。实际上，根据学生的身心成长特点，不同年龄段的学生的发育程度也有很多区别，而且在同一年龄段，青少年也依然出现了个体差异，所以制定出的体能训练方案一定要具备个性化特点。在制定训练方案时，应紧密结合训练目标，科学地融入力量训练、耐力训练、柔韧性训练和速度训练等。为确保训练的有效实

施，还需精心设计保障计划，以提升训练的可操作性。通过严谨的方案设计和周全的保障措施，确保训练目标的顺利达成。

（四）体育教师的理论与实践研究尚显不足

在青少年体能训练过程中，部分教师过于依赖过往经验，盲目照搬外国模式，未能对相关原理和机制进行深入解读。同时，部分教师过于关注实践方式，而未能深入理解与学生体能运动和运动学相关的理论知识。这导致训练过程中即使出现了错误的动作，教师们也不能及时发现和纠正，从而增加了导致运动损伤的风险。因此，我们应重视体育教师在理论与实践方面的研究，提高教师的专业素养和实践能力，以更好地促进青少年的成长。

三、促进青少年体能训练发展的对策

（一）遵循青少年身体生长发育规律，合理安排教学内容

在训练过程中，确保姿势的正确性是至关重要的。对于青少年来说，他们的体能训练必须保证姿势正确，包括坐姿、站姿、步态、跑步姿势和跳跃姿势。由于青少年正处于青春期，骨骼硬度相对较低，长时间的高强度训练可能会导致骨骼变形。因此，我们需要根据青少年的生长发育特点来制订合适的训练计划。

一方面，在体能训练方案中，我们应该注重速度力量的训练，但不应过度强调。相反，我们应该重视速度耐力和最大力量的训练。此外，我们还应该注重综合素质的发展，提高训练的均衡性，加强横向协调功能和核心力量的训练。随着青少年年龄的增长，我们可以逐渐增加爆发力和有氧耐力的训练。另一方面，加强青少年的柔韧性训练也是非常重要的。这样可以帮助他们调动更多的肌肉群力量，使关节更加稳定。在制订训练计划时，我们必须充分考虑到青少年的身体特点，以确保他们的健康和安全。

（二）营造良好的训练教学环境

为体能训练活动提供优质的教学环境是提高课程品质的关键，有助于激发青少年的体育锻炼激情，从而使其更好地投入体能训练活动中，达成全面提升身体素质的目的。然而学校设置的体能训练内容过于复杂繁琐，而且训练项目单调枯燥，有的教师使用的教学方式过于普通，导致很多青少年出现了抵触训练的情绪，严重影响了训练效果。针对这种情况，在体能训练过程中建议使用新颖的训练方式，营造轻松愉悦的氛围，经常更新训练内容和方法，使青少年养成终身体能锻炼的习惯。

（三）遵循循序渐进、区别对待原则

学校应明确当前"双减"政策的目的是指导青少年体能训练的开展，初衷是提高青少年的身体健康水平，而不是盲目地追求提高运动成绩。建议在制订体能训练规划时，应当充分地将学生的个体差异考虑在内，提供有针对性的训练方案，此外还要注意运动强度是否合理，遵循逐渐递增的原则。首先，应进行强度较低的训练，然后适当地提升强度，而且给予学生更多的休息时间，练习时间必须控制在 30—45min。其次，指导学生进行放松训练，比如完成了高强度训练后，指导学生按摩拉伸或者慢跑，缓慢恢复身体机能。最后，根据青少年的作息规律制订睡眠计划以及营养方案，以提高体能的恢复效率。

（四）提高体育教师的职业素养

具备优秀职业素养的教师，对于青少年体能训练效果有着较大的影响，假如体育教师缺少专业能力，组织的体能训练活动达不到应有的标准，那么青少年接触的训练指导就缺少科学性、系统性以及全面性。

针对这种情况，只有从教师专业度入手，提高教师的专业素养，优化教学方式及内容，才有助于改变这种局面，从本质上提高训练水平和质量，促进青少年掌握更多体育技能。另外作为体育教师也要紧跟时代步伐，敢于突破传统教学方式，持续学习体育教学领域先进的理念和方式，研究青少年生理变化特点，提高训练的趣味性，促进青少年在参与体能训练过程中获得成就感。

第四节　体育强国背景下青少年体能训练的现实困境与突破策略

一、体育强国背景下青少年体能训练的时代价值

党的二十大报告指出："广泛开展全民健身活动，加强青少年体育工作，促进群众体育和竞技体育全面发展，加快建设体育强国。"这意味着政府高度重视青少年体育运动的发展，并制定出了长期规划和目标任务，也显示出青少年体育锻炼活动是政府关心的重点领域。

只有青少年具备较好的体能，整个社会才有希望，加强对青少年体能训练工作的管理有助于提升整体国民素质，这是一项关系到国家发展战略的举措。提高青少年的体质健康水平有助于为我国的持续发展提供人力支撑，而这也是推行建

设体育强国必不可少的一步。在建设体育强国的道路上，青少年的体质健康度是重要的评价标准之一，因此我国政府部门需要落实好青少年的体质管理。为了更好地实现当前体育强国的目标，应当重视体能训练环节，这也是其发展的重要基石。正确的体能训练策略有助于促进青少年的身心健康发展，降低青少年运动时产生损伤的概率[①]，长期进行系统化的训练，青少年群体能够创造更多的体育成绩。根据青少年当前的年龄特征，采取适当的体能训练方案，能够推动其身体健康成长，同时为今后从事体育运动打下坚实的基础。

二、青少年体能训练的概念界定

从概念上来看，青少年的体能训练是指围绕着提高青少年身体综合素质的一系列训练活动和教学活动，为了评价青少年体质健康度，对体能训练的现状进行研究即可获知一部分信息。提供多样化的体能训练方案，确保训练的多样性，有助于构建提升青少年体质的教育路径。针对青少年开展训练，旨在改善身体机能、身体形态以及运动素质等。青少年正处于身体发育的关键时期，需要结合不同年级的学生身体发育状况调整训练指标，根据其能量恢复特征，制订体能训练计划，如从身体发育角度分析青少年可以承受的负荷，需要分阶段逐步提升。从能量代谢和恢复层面来看，青少年的体能训练需要灵活调整训练负荷，从低负荷逐渐上升到中等负荷以及高负荷。针对低年级的学生，重点关注学生的耐力、协调性、柔韧性等；对于中等年级的学生要关注对方的速度、力量感、灵敏度等素质，侧重于技能的提升；针对高年级的学生要关注对方的综合运动表现能力，包括耐力、速度、力量等素质指标。

三、青少年体能训练的现实困境

（一）青少年体质健康水平不断下降

随着社会环境的不断变化，其对人才质量的要求也在逐步提高。我国社会发展的速度正在不断加快，对人才的需求量也在持续增长。这要求我们在青少年阶段注重培养学生的创新能力和知识吸收能力，以适应社会发展的需要。因此，学校的教育活动需要进行优化，不仅要注重学生的成绩，更要注重培养他们的全方位能力。然而，实际情况是有的学校过于关注智力发展，导致学生压力增加，参加体育锻炼的时间并不充分。有关机构的调查表明，青少年的整体健康度有所下降，近视、肥胖、低头族等现象非常普遍。长时间坐在教室里学习，学生们的锻

---

① 秦毅妮，吴春香. 青少年田径运动员专项体能训练有效途径研究 [J]. 青少年体育，2019（3）：102.

炼时间甚至不到 1h，而这些学生占到了大多数。因此，我们需要重新审视学校的教育方式，注重学生的身心健康和全面发展，以培养出更符合社会需求的高质量人才。根据体能测试的结果，我们发现青少年在力量、速度和耐力等指标上普遍存在短板。此外，错误的身体姿态也是导致身体畸形的重要原因，如常见的高低肩、脊柱侧弯等问题。这些问题不容忽视，不仅对青少年的身体健康产生了负面影响，还会对体能训练的效果产生影响。

（二）体能训练理论与实践发展迟滞

1990 年底，我国教育界才开始引进体能训练的现代化方案，体能训练措施发展到现在经历了 30 多年，但整体来看，专业性依然处于较低水平，训练方式侧重于力量和速度的训练，而且理论并不完善，有的概念不清晰。在实践训练和理论方面，主要参考了欧洲国家的理论，并没有进行长期的实践检验，所以体能训练理论和实践成果相对滞后，而这一点也影响了我国青少年的体质发展[①]。

目前，我国正在采取措施改进体能训练的现状。此外，国家体育总局体能训练研究中心于 2021 年 8 月成立，该中心以体能训练、运动表现为研究核心，全面推进中国体能训练的专业化、职业化发展进程。

（三）体能训练内容设置不合理

学校是开展体能训练的重要场所，但是一些学校等教育机构并没有清晰地认识到体能训练的发展规律和发展趋势，存在理解上的误区，这种不全面的认知也影响了体育课程的设置。部分学校设置的体育课程数量偏少，而且体能训练项目存在较多漏洞，没有进行大力的开发；也有的学校为了盲目提升学校的教学质量，文化课经常会占用体育课程的时间，所以压缩了学生体育锻炼的总体时长，对体能训练的效果产生了较多的影响。除此以外，部分学校的场地、器材等都存在一定的局限性，无法充分满足学生的运动需求，运动潜能挖掘不足，导致很多体育苗子被忽略，最终耽误了很多体育人才。

开展体能训练是一项阶段性的过程，在缓慢训练中逐渐提升体质水平，但是如果过多地关注训练指标的完成度，没有充分激发学生的运动潜力，将会损害青少年的运动潜质，妨碍我国体育强国的建设进度。也有研究机构的研究显示我国目前的体能训练理念存在偏差，普遍重视标准，却忽略了现实问题。比如将提升青少年的体育成绩作为唯一的训练目标，对训练过程没有进行科学的反馈以及评

---

① 高炳宏.我国现代体能训练的现状、问题与发展路径 [J].体育学研究，2019，2（2）：73-81.

估，导致学生掌握的知识体系非常片面。同时，个别教师不注重全过程指导，不了解学生的身心变化情况，所以制订出的体能训练方案就偏离了学生的身体特征，影响了体能训练的效果。

（四）体能训练方法不合理

当前学校体能训练的方式存在明显的问题，其教学方式较为落后，训练手段也显得单调。有机构的调查显示，学校的体能训练项目过于集中在跑步和跳跃等方面。教学方法基本以教师示范，学生模仿为主，缺乏创新和对学生运动能力的培养。这种缺乏个性化和差异化的教学方式，与学生个性发展的需求相去甚远。

教学内容的参与性和趣味性明显不足，无法有效吸引学生。目前的教学评价方式也过于单一，主要依赖于年终考核。这种单调的训练方式和考核方式，显然不符合现代体育教学理念。在体能训练过程中，许多学生处于被动地位，缺乏运动激情，训练效果低下，甚至产生了厌烦情绪。因此，我们必须对现有的体能训练方法进行改革和创新，以满足学生的需求和提升训练效果。

（五）体能训练行业人才匮乏

为了更好地提高学生的体能素质，应当严格要求体育教师的能力，但现实情况是我国的体育专业人才较为匮乏。政府对于教育投入了较多的资源，并且持续进行教育改革，社会各界普遍对教师有着较高的期待和要求，这对于体育教师而言同样是一种考验。学校建立的体能训练体系应当具备科学性和系统性，并且应将理论以及实践进行有机融合，要求教师们应当准确把握青少年的心理特征和生理发展现状，合理地制订出体能训练方案，从而推动青少年体能训练质量的提升。目前我国制定的体育教师培养制度依然有不完善的地方，导致社会上缺少专业的体能训练教师。而且有的教师没有结合学生的成长发育特点实施专项体能训练，这也导致学校的体能训练活动陷入困境，从而影响到了学校的教学水平。一部分体育教师虽然也学习了现代化的体能训练方式，但是这种学习并不是系统性的，没有深刻地理解相关理论和概念，所以教学内容缺少创新性，影响了训练的最终成效。

四、体育强国背景下青少年体能训练的突破策略

（一）提高青少年体质健康水平

我国政府制定了建设体育强国的宏伟目标，基于当前局面，应当提升青少年

的体质健康水平，唯有通过体能训练才能完成这一任务。青少年群体的体质健康水平与我国国民体质的整体发展水平息息相关。为实施体育强国战略，政府层面上要求建立起提高国民体质水平的配套管理方案。青少年的体质健康应当受到社会各界的关注，青少年时期是形成身体机能并完善的重要时期，开展体能训练有助于提高青少年群体体质健康度。

为优化体育教学，我们应采取一系列严谨的措施。首先应提升教学品质和改善校园环境氛围，为学生提供优质的体能训练保障。从学生的视角出发，我们应关注学生的体能训练认知状况，完善其身体的各项机能。政府在全国范围内推进体育强国建设，并对学校的体育教学活动给予了高度重视。在此背景下，重视青少年体能训练已成为焦点。课程的设置和考试标准的强制性要求，能够提高学生的力量、速度和耐力等素质。相关部门在制度的约束下，应深刻认识到青少年体能训练对我国建设体育强国具有重要意义。学校等教育机构也应利用这一机会，缓解青少年学业压力过重的问题，为学生提供充足的锻炼时间。这有助于遏制肥胖率、近视率和低头族数量的提高，改善学生的身体机能。通过持续的体能训练活动，学生可以感受到身体的变化，从而真正爱上这项活动，深刻理解只有拥有健康的身体才能为学科学习提供有力支撑。

（二）提升体能训练理论与实践水平

为了在青少年体能训练方面取得长足进步，需要深刻理解体能训练能够带来的好处，从理论和实践层面上加以优化。首先要让青少年群体在参加体能训练时了解基本的常识及相关理论，在实践活动中总结创新体能训练的经验和方式方法；其次要做到理论和实践相结合，利用先进的理论指导实践活动，而实践过程当中可以产生更多的经验，这可以丰富理论内容。我国的体育强国战略正在快速推进，在国内体育人才不断涌现的背景下，体育大国已经不能满足我国体育发展的需求，接下来要过渡为体育强国，因此推动青少年体能训练理论和实践的发展势在必行。将理论作为训练的依据，通过不断开展实践活动提高理论及实践的融合度，让青少年体能训练理论和实践水平上升到新的高度。另外还需要优化学校的课程资源、创新体能训练方法、丰富教学内容等，这都是提升训练效果的必备措施。

（三）优化学校体育课程资源分配

在建设体育强国的背景下，学校必须认识到体能训练对于提高青少年体质健康度的重要意义，必须保障设置的体育课程的教学时间，让学生们有更多的时间参与体能训练活动，适当地将训练比例提升起来，制订出明确的训练目标，为学生开展训练提供扎实的理论基础，确保每位学生都能够掌握基本的运动技能。学校应当根据教学内容设置科学的体能测试标准，同时也应当分析教学方案的可行性并进行细致的解读，关注教学反馈以及评价活动，记录体能训练的各项指标，根据训练前后的指标变动特征进行方案优化。

（四）创新体能训练方法，丰富教学内容

结合教学方式也应当完善教学的内容，丰富教学元素，鼓励学生积极参加体能训练。只有创新教学方式才能够为体能训练发展提供源源不断的动力，建议体育教师在教学内容上花费更多的时间和精力，这样才可以突破传统教学思维的束缚，将互动性作为教学的关键要素。在体能训练中添加趣味性的游戏，能够起到意想不到的效果。被动式的体能训练效果有限，可以转为兴趣引导，比如把生活当中与体育相关的事件融入训练中，让更多的学生具备训练热情。比如在常规训练中往往是重复性的训练，学生们很容易出现负面情绪，此时可以设置一部分游戏，如体能加油站、穿越丛林，让学生们产生好奇心。教师要培养学生的集体主义精神，关注学生的耐力、速度、力量等指标，充分挖掘学生的潜能。在学习中增加娱乐元素，组织比赛训练和评比活动，丰富教学内容，是推行体育强国战略的有效途径。

（五）培养新型体能教师人才队伍

为了完成向体育强国的转变，应当重视教育队伍的专业性，且教师的综合素质最为关键。只有教师的教学质量提高了，青少年的体质水平才会得到提升，所以要加强教师团队的建设，聚集更多的教师后备力量，为青少年身体素质的提高提供重要基础。体育教师需要深入理解体能训练的意义，这将有助于提高训练的合理性。首先，科学的训练方案将会提高青少年的身体素质，并且能产生较好的教学成果；体育教师应当平衡好教学以及体能训练的关系，稳步提高学生的综合能力。其次，教师需要提高自身本领，以身作则，关注学生的成长特征，将教师的职责履行到位。最后，设置的训练项目必须符合青少年身心发展的规律，在设置任务目标、锻炼内容时，不能存在盲目性，应提高针对性；不能出现无效训练的情况，比如在正式开展训练之前，要根据学生的运动能力、场地设施等因素，精心设计方案。有关部门也要重视培训工作，为体育教师提供充足的培训指导。

未来一段时间内，我国体育事业的总体目标是实现体育强国梦，体育教育事

业也应当围绕着这一目标进行。通过重视体育教学，为青少年身心健康成长保驾护航。在当前的大环境下，学校必须坚持开展体能训练活动，协调推动学习的同时，关注体能训练活动，满足学生的个性化需求。学校以及教师应根据学生的差异化特质优化体能训练的策略和方案，为青少年体能训练提供坚实的基础，培养学生的健康品格。

第三章 青少年运动员训练中基础能力的评估

参加竞赛的青少年需要持续的评估，包括身体素质评估和训练评估。为了正确评估青少年运动员的发展以及他们对训练的反应，每位教练员和家长都应该尽可能科学地监控他们的技能。现在，很多教练员和俱乐部都已经开始通过各种途径（包括经济手段）与相关实验室建立合作，开展青少年生理、心理以及生物力学方面的测试，评估青少年运动员的运动能力、动作效率、技术有效性和心智状态。

在整个训练计划的实施中，教练员必须了解青少年运动员对训练中使用的负荷或重量的生理反应与心理适应情况。这样的反馈有助于教练员监测青少年运动员进步幅度，高效地为运动员制订力量训练的进阶计划。

第一节 传统力量训练方法

一、力量释义

（一）力量及其表现形式

力量是指人体神经肌肉系统克服或对抗阻力的能力。人体运动时会受到身体重力、空气或水的阻力、重物负荷、竞技对手的对抗等各种外力，以及肌肉的黏滞性、对抗肌的牵引等内力的阻碍，这就需要肌肉克服这些阻力，完成相应的运动。

1. 一般力量和专项力量

根据力量与运动专项的关系，力量分为一般力量和专项力量。一般力量是指身体各部位肌肉在完成非特定的专项动作时，对抗和克服阻力的能力。如卧推和深蹲时克服杠铃表现出来的最大力量，由于其动作形式和众多运动项目相差较大，该力量属于一般力量。一般力量是专项力量的基础，是专项力量发展的前提。专项力量是指在时间、空间特征上，严格符合专项竞技动作要求的肌肉收缩能力。也就是说，在动作结构、力量性质、肌肉收缩方式及动员肌肉多少等方面，都严格符合专项动作特点的肌肉收缩能力，即在专项动作模式下的力量能力。

运动员的体能训练主要是围绕着专项力量体系所进行的针对性训练，是专项力量体系不断完善和提升的过程，因此，专项力量的大小直接影响着运动员成绩的优劣，因而备受各级教练员们的重视。但专项力量的发展必须建立在一定的一般力量水平的基础上，如果一般力量水平较低，将影响运动员专项力量的提高，甚至出现运动损伤。

一般力量和专项力量相互影响、相互制约。专项力量的提高应当以一般力量为基础。虽然，运动员一般力量水平低，将会限制专项力量的提高，但是，一般力量不能代替专项力量，如果忽视专项力量，机体的适应能力可能会朝着不利的方向发展，以至无法获得理想的运动成绩。另外，一般力量和专项力量是相对的。针对不同的项目，一般力量和专项力量会随之发生变化，例如，深蹲时的力量相对于篮球运动是一般力量，而相对于举重运动则属于专项力量。

2. 相对力量和绝对力量

根据力量与体重的相互关系，力量可分为相对力量和绝对力量。绝对力量是指在不考虑体重的条件下，所表现出来的最大力量。在此意义上，绝对力量和最大力量的含义相同，可以通过对抗外界负荷的力值表示；相对力量是指运动员单位体重所具有的最大力量，在一定程度上反映肌肉质量的好坏。其关系公式如下：

$$相对力量 = \frac{最大力量}{体重}$$

运动员相对力量可以看作运动员的加速能力。在克服自身体重的位移性运动项目中和分级别的运动项目中，相对力量具有十分重要的意义。相对力量直接影响运动员场上移动时加速和减速的能力，相对力量越大，在运动场上的位移越轻快。

3. 稳定性力量和爆发性力量

根据肌肉在运动中的功能，力量可分为稳定性力量和爆发性力量。稳定性力量是指在运动中保持肢体关节稳定的肌肉力量。运动中的关节稳定性离不开神经肌肉系统精密的控制和协调工作。人体某些肌肉有着特殊的稳定功能，主动肌、拮抗肌、协同肌及附着于运动关节周围的结缔组织，在神经系统的支配下协同掌控运动关节的稳定性。爆发性力量是指在一个爆发性动作或一组强有力动作过程中快速发力的能力，主要是指在短时间内肌肉快速收缩产生的最大力量。

4. 最大力量、快速力量和力量耐力

根据完成不同的体育活动时，力量的表现特点不同，可分为最大力量、快速力量和力量耐力。

（1）最大力量

最大力量是指肌肉通过随意收缩克服阻力时所表现出来的最高力值。随意收缩是指不刻意要求动作速度。例如，卧推杠铃的最大力量。肌肉最大力量在不同项目中的作用是不同的，主要取决于肌肉所对抗阻力的大小。对抗阻力越大，最大力量的作用就越明显，如举重。相反，克服外界负荷较低时最大力量的作用就明显降低。

（2）快速力量

快速力量是指神经肌肉系统在一定时间段内产生最大力量的能力，它是体现力量与速度有机结合的一种能力。快速力量对短跑、短距离游泳、短距离自行车骑行、短距离滑冰、击剑、跳高、摔跤、拳击等运动项目的成绩有着决定性作用。

根据快速用力的特征可以将快速力量分为起动力量、爆发力、制动力量和反应力量。

起动力量是指运动员在静止状态（预备或起始姿态）下快速发力的能力，是神经肌肉系统从工作开始尽可能快速地提升力量发展率的能力。爆发力是指张力已经开始增加的肌肉以最快的速度克服阻力的能力，是神经肌肉系统进一步把起动力量发展至最大的能力。制动力量是指在迅速改变运动方向的过程中，肌肉克服阻力，产生最大负荷加速度的能力，即以较高的加速度朝相反方向运动的能力。制动力量的大小取决于肌肉的退让与超等长工作的能力。反应力量是指肌肉在拉长后快速收缩的能力。反应力量取决于神经肌肉支配模式的结构和肌腱系统的机能状态，即它们的收缩能力和弹性缓冲能力。

（3）力量耐力

力量耐力是指运动员在静力性工作中长时间保持相应强度的肌紧张或在动力性工作中多次完成相应强度的肌收缩的能力。前者称为静力性力量耐力，后者称为动力性力量耐力。动力性力量耐力又包括最大力量耐力（重复表现最大力量的能力）、快速力量耐力（重复快速表现最大力量的能力）以及长时间力量耐力（多次重复表现一定力量的能力）。不同运动中，机体对抗的阻力存在着差异，因此，

肌肉力量耐力具有专项性。例如，短跑运动中肌肉要维持并保持较高的收缩能力，其反映了机体的高强度力量耐力。而长跑运动中，肌肉要维持较低强度较长时间工作的能力，其反映了机体低强度下的力量耐力。

（二）肌肉力量的主要影响因素

1. 运动单位的募集

肌肉收缩时，产生张力的大小与兴奋的肌纤维数目有关。肌肉收缩时，兴奋的肌纤维数目越多，产生的张力就越大。运动单位动员也可称为运动单位募集。运动单位的动员数量受到外界负荷的影响，外界负荷越大神经发放的冲动就越强，动员的肌纤维就越多。不同的个体在肌纤维动员能力方面存在着差异，训练水平低的运动员一般只能动员 60% 左右的肌纤维，而训练水平高的运动员可以动员 90% 的肌纤维。

2. 肌肉协调

肌肉协调是力量增长机制中的神经适应机制，是依靠神经募集肌纤维和神经冲动发放频率提高实现的。不同肌群甚至同一肌群的不同运动单位之间应具有一定的神经肌肉协调性。肌肉协调分为肌肉内和肌肉间的协调。肌肉内协调是指运动单位之间激活的具体形式，主要表现在运动单位的同步性和协同性。例如，局部肌肉肥大现象，说明了一种专门练习可以引起某一局部肌肉肥大，如健美运动。另外，运动单位的激活在低强度作用下是不同步的，在较高的强度下肌纤维能表现出较高的同步性。力量训练不仅能够提高运动单位的同步性，还能提高在较低强度下的同步性。值得注意的是，同步性在弹性活动中起到重要的作用，它是快速力量训练方法设计的重要依据。然而，在等长收缩练习时，运动单位的同步性对最大力量的影响程度最小。肌肉间协调是指在特定的任务下肌肉之间相互作用和激活的形式，主要表现为单关节中主动肌和对抗肌的作用，还有多关节运动中主动、被动、协同及固定肌群之间的协调作用。另外，肌肉的参与经常有某种顺序，肌肉的用力顺序是反映肌肉协调的重要方面。例如，做挺举动作时，在开始和举起杠铃的初期，斜方肌必须放松，在上挺的时候才收缩用力。然而，有些高水平运动员在开始阶段便收缩斜方肌，从而影响到动作质量。运动实践中，运动往往涉及多关节、多肌肉，因此，肌肉间的协调应当受到教练员和运动员的高度重视。

3. 弹性能和牵张反射

肌肉是弹性体，当肌肉被拉长时，弹性能被贮存起来，肌肉收缩时又被释放出来，以增大收缩力量。但需注意的是，如果肌肉被拉长后，不能快速收缩，储存的弹性能将转化为热能而被消耗，进而影响力的大小。牵张反射是指当肌肉被快速拉长时引起肌梭感受器兴奋，发放神经冲动到中枢神经系统，然后神经中枢系统发放指令要求肌肉快速收缩，恢复肌肉正常长度。超等长练习是指肌肉在离心运动之后快速进行向心运动的练习。超等长练习不仅是向心运动和离心运动的组合，还是一种相对独立的运动类型。超等长练习正是利用肌肉的弹性能和肌梭感受器的牵张反射来增加肌肉力量的。超等长练习是通过改善神经系统的适应性来有效提高支撑力、弹跳力和鞭打力的。

4. 肌纤维类型

根据肌纤维的收缩特征的差异，肌纤维分为快肌纤维和慢肌纤维两大类。两类肌纤维类型具有不同的生理学特性。运动员快、慢肌纤维比例的高低，影响着他所从事的专项运动。运动快肌纤维比例高的运动员能够产生较高的功率，具有较高的速度潜力，适宜于从事短跑运动。运动慢肌纤维比例较高的运动员则具有较好的耐疲劳能力，适合于从事越野跑、马拉松和其他有氧需求较高的运动。

5. 生物力学及人体测量学因素

肌肉、骨骼结构、身高、四肢长度可以改变整个肌肉杠杆系统的机械利益。人体的解剖结构存在相当大的差异。例如，肌腱在骨上附着点的远近，如果一个人的肌腱在离关节中心较远的位置与骨接合，则可以克服较重的负荷，因为肌肉的力臂较长，从而可以产生较大的力矩。

另外，运动员体重身高的比例影响着肌肉力量的大小。拥有较高的体重身高比例，对于举重运动员是有利的，因为它可以提供较大的力量。该指标可以在一定程度上反映肌肉生理横截面的大小。如两个运动员肌肉重量相同，而具有不同的身高和四肢长，那么，较矮的运动员就具有较高的肌肉横截面，进而能够产生较大的力量。

二、传统力量训练的主要方法

（一）抗阻训练法

抗阻训练是指机体通过对抗外界负荷，提高肌肉力量的训练。抗阻训练手段一般包括使用杠铃、哑铃等器械进行不固定、动作轨迹不完全固定的自由重量练习以及动作轨迹固定的组合力量器械练习。两种基本练习手段对于机体的刺激存在着一定的差异，自由重量练习是在三维空间中所完成的练习动作，具有身体姿势和技术动作不稳定的特点，在发展力量的同时，能够提高神经系统对身体姿势和技术动作的控制能力，加强对近固定端肌群的稳定作用，因而可以产生更好的训练效果。组合力量器械练习是相对固定的，因而稳定性和安全性较好，完成动作相对容易。另外，组合力量器械练习大多是单关节运动，因此，要求神经肌肉系统在运动中的功能作用相对单一。虽然自由重量练习和组合力量器械练习有着不同的作用效果，但在训练中都有着一定的共同的练习技术和基本要求，如自由重量练习以及组合力量器械练习都包含握杠、握铃、握把手的技术。

抗阻训练内容的运动形式与实际的专项活动越相似，训练效应就越容易向运动专项发生正性迁移。提高对抗阻练习与专项运动方式的关联性的认知，有助于我们选择合理的抗阻训练。

（二）复合训练法

此方法是发展最大力量的抗阻练习和发展爆发性力量的超等长练习相结合的旨在发展快速力量的方法。此方法里面包含抗阻练习和超等长练习两种，并且遵循先进行最大力量训练，后进行超等长练习的顺序。

例如，提高弹跳力的复合训练法：首先采用杠铃背蹲练习，负荷强度——90% 最大力量，重复次数——4 次，组数——3 组；然后采用立定跳远练习，强度——最大远度，重复次数——6 次，组数——3 组。

另外，可以将复合训练法加入快速完成的抗阻练习中，以达到训练目的。例如，可为大学生链球运动员做如下赛前快速力量训练安排。①深蹲：75%×3 次 +80%×3 次 +85%×3 次 +90%×3 次。②连续快蹲：10s×2 次，强度为 40%；10s×2 次，强度为 20%。③连续蹲跳：10s×2 次。④卧推：80%×3 次 +85%×3 次 +90%×3 次 +95%×3 次。⑤连续快推：10s×2 次，强度为 40%；10s×2 次，强度为 20%。⑥胸前连续快速传接实心球：10s×2 次。

上述训练安排结合了最大力量训练、中低强度快速训练和爆发性用力练习，闭合式和开放式练习相结合，可有效地提高运动员的快速力量。

（三）循环训练法

循环训练法是根据不同的训练目标，将发展不同肌肉的练习按一定顺序排列，运动员依次完成各个练习，并循环安排的力量训练方法。此方法能够有效地发展力量耐力，适宜于初学者。

（四）静力练习法

静力练习法对提高运动员的最大力量有较好的作用，具体安排如下。

①负荷强度：用静力练习法发展最大力量，负荷强度可略大；练习的持续时间与负荷强度有关。负荷强度为 60%—70% 时，持续时间可为 6—10s；负荷强度为 80%—90% 时，持续时间可为 4—6s；负荷强度为 95% 以上时，持续时间可为 2—3s，练习组数不宜太多。

②间歇时间：相对长一些，以利于运动员的恢复。

第二节　青少年运动员训练的营养物质补充方案

青少年正处于生长发育的关键时期，在运动训练中给予青少年合理的膳食补充十分关键。

青少年处于生长发育的关键时期，在这一阶段，青少年生长发育迅速，表现为身高、体重快速增长，同时承担着一定的学业压力，他们的心理和生理在此阶段会发生一定的变化，对营养物质有着很大的需求。营养物质不足或者营养物质不均衡均会对青少年的生长发育产生不利影响。人体需要的营养素有 7 种，分别是碳水化合物、脂肪、蛋白质、维生素、矿物质、膳食纤维和水。人体需要从外界摄取食物来满足自身生长发育的需求，自然界任何一种单一的天然食物都不可能完全满足人体发育的营养需求，必须从多种食物中获取，也就是要做到合理膳食。

一、合理的营养物质补充方案对青少年运动员的重要性

合理的膳食营养摄入会使青少年身体强壮，有利于新陈代谢，促进生长发育，增强体质。

合理的膳食对青少年有着积极的作用，而青少年运动员不仅面临生长发育的需求，还要进行艰苦的训练。体能训练考验的是运动员的技巧、耐力以及爆发力，运动员的训练强度较大，在训练中的能量消耗远远大于普通人，如果不能得到较好的营养物质补充，会直接影响运动员成绩的提高，对身体的危害也非常大。为青少年运动员提供合理的膳食十分必要，这可以帮助运动员补充机体所需的能量，

使其有更饱满的精力投入训练中，另外，合理膳食可缓解或消除运动员训练后的疲劳，促进体力恢复[①]。

膳食结构不仅要适应各项运动的特点需求，更要适应青少年运动员的身心发展需求。为了使青少年运动员适应高强度的比赛和训练要保证运动员有良好的膳食结构，其设计原则是食物多样化，以谷粮为主，水果蔬菜适当，多吃豆奶类产品，适量的肉类和蛋类，注意饮食卫生[②]。运动员要补充的三大营养物质是蛋白质、脂肪和碳水化合物，其在各类营养素中能量占比分别是 12%—15%、25% 左右、55%—65%。

青少年运动员要多注意优质蛋白质的补充，如肉类和奶制品，以满足生长发育的需求。在运动过程中，主要是由磷酸原系统供能，所以要注意多补充蛋白质和维生素 B_2。

二、青少年运动员的营养物质补充方案

（一）训练之前的营养物质补充方案

运动员训练之前，应该多补充糖原类物质，目的是在训练前调动运动员的积极性，使身体保持在一个较好的状态，以便应对接下来的高强度训练。训练之前膳食补充的原则是选用自己习惯的膳食，少量多餐，能量摄入不要太多。若能量摄入过多，长此以往，会增加体内脂肪的储备，从而影响运动能力[③]。生理学研究表明，训练前 2—4h 补糖有利于糖原储备，训练前 45min—2h 不宜补糖，原因是体内的胰岛素会干扰糖的平衡，影响训练时的状态，这个阶段青少年可以适量补充蛋白质，但也不宜太多。训练前补充外源性谷氨酰胺可以提高机体的抗氧化性，延缓疲劳的发生。训练前 2—3h 是补充运动饮料比较好的时机，对于青少年来说，通常可以选择低温运动饮料，大概补充 500—600ml。训练之前还应注意水的补充，训练前 15min 内建议补水 300—500ml，训练前 1h 应补充 113—227ml 水分。总体来说，在训练之前，需要及时补充能够快速转化为营养物质的食物，对于青少年来说，蛋白质含量多的牛奶、豆制品等，以及含优质碳水的全麦、燕麦等，都是很好的选择。

（二）训练中的营养物质补充方案

在训练的过程中，青少年机体承受的负荷会逐渐增加，进而达到一个稳定

① 林佳伟. 运动员体育训练中的饮食指导研究 [J]. 中国食品，2022（16）：149-151.
② 漆小红，郑颖. 乒乓球运动科学营养补充研究 [J]. 青少年体育，2015（4）：126-127.
③ 李品芳，林文煖. 赛前运动营养补充生化分析 [J]. 中国体育教练员，2020，28（3）：27-29.

的状态。这种高强度的间歇训练对青少年的身体素质要求较高，如果在训练中没有合理的膳食补充，则很难完成训练任务。青少年在训练中进行营养物质补充的目的是使机体消耗的能源物质可以尽快得到补充，维持训练所需的血糖水平，提高和维持运动能力。训练时血糖水平会出现较大幅度的下降，此时应补充糖类，以更好地维持血糖水平。对于青少年来说，每日摄取的糖类所提供的热量占总热量的 50%—70%，所以在训练中及时进行碳水化合物的补充是非常有必要的，可以选择含糖量在 5% 以下的弱碱性饮料。除补充糖类之外，运动员在训练时会流出大量汗液，无机盐会随着排出的汗液大量丢失，所以要在训练期间补充水分和无机盐，维持电解质平衡，每隔 15min 补充一次是比较好的选择，补水量最少为 113ml。运动中维生素的补充也非常关键，可以选择补充含维生素 C、维生素 B_1、维生素 B_2、维生素 B_6 的维生素饮料，配合果汁来食用不仅营养丰富并且符合青少年的口感要求。总体来说，在训练中青少年运动员补充的营养物质主要是碳水化合物、水和维生素，脂肪和蛋白质的补充往往集中在训练前或训练后，因为在训练中补充脂肪或蛋白质并不利于青少年运动能力的发挥。

（三）训练后的营养物质补充方案

训练结束之后，机体短时间内仍然保持着高消耗状态，所以训练后要及时补糖。训练后补水量要根据青少年运动员水分的消耗量来确定，消耗越多则应该补充的水分就越多。在训练后的一段时间还需要进行蛋白质的补充，青少年运动员对蛋白质的需求量是比较大的，可以多增加肉蛋类、牛奶制品的摄入。如果训练强度比较大，训练完身体比较劳累，此时身体内的乳酸堆积迅速，会产生关节肌肉疼痛的现象。这时的饮食则需控制肉蛋类的摄入，多摄入富含纤维素的蔬菜和碱性水果，以此来中和体内产生的乳酸，使机体得到更快的恢复。对于脂肪，青少年可以适当摄入，但脂肪的补充不宜过多，脂肪摄入过量会造成体重增加，不利于青少年运动员技术水平的提高。

教练要对青少年运动员加强饮食习惯教育，使青少年运动员形成健康饮食的良好观念，不要仅根据个人的口味喜好来选择食物，教练员以及家长要做好监督工作，注意饮食的多样化。

在训练和比赛时的饮食则要由专业人员来把关，不可盲目进食，以免发生运动伤害事故。

做到膳食结构合理化，是提高青少年运动员成绩的关键。合理的营养物质补充对青少年运动员运动水平的发挥意义重大，青少年运动员自身也应对营养物质的调配加以重视，训练前、中、后3个时期的饮食都要按照要求进行。青少年运动员的日常饮食要注意营养均衡，训练前要注意水和糖的补充，训练中要补充糖、水分、维生素，训练后要补充糖、蛋白质、水分、脂肪、维生素，以促进恢复，提高青少年运动员的运动成绩。

第三节　青少年动作技能训练的阶段划分

运动专家和教练员认为，那些在儿童和青少年时期执行了有序、系统的训练计划的运动员能够获得最佳的运动表现。而一些缺乏耐心的教练员为了让青少年运动员尽快取得成绩，就会向其施加压力，结果通常都是以失败而告终。因为很多运动员往往会在获得运动成就之前就选择退出。因此，教练员和父母只有通过秉持正确的训练原则，将儿童和青少年的训练系统性地划分成不同阶段，并且清晰、明确地设定训练目标，才更有可能培养出健康、优秀的运动员。

要牢记儿童发育、成长的速率是各不相同的。儿童骨骼、肌肉、器官以及神经系统的生长速度在不同的阶段具有很大的差异，这些发育特征在很大程度上反映了青少年的生理和运动表现能力。因此，一项训练计划必须考虑个体的差异性及其潜在的可训练性。例如，在集体类项目中，同样处于14岁的运动员之间可能就会体现出非常大的差异，其中一些人可能已具备16岁的运动潜能（发育较早），然而另外一些人也许仅仅具备12岁的身体能力（发育较晚）。如果在训练中忽视了这种巨大的差异，那么在训练时可能就会造成早发育的运动员训练不足，而晚发育的运动员训练压力过大的情况。

在社区体育联盟中进行有组织的练习，有利于运动员全面发展，使其运动能力与生理发育的总体趋势保持一致。从以往的经验来看，父母和教练员都希望儿童快速提升至更高的竞技水平。这一点都不令人意外，因为所有的父母都希望为自己的孩子提供最好的机会，让他们可以向自己的最佳潜能发起挑战。然而，"拔苗助长"的后果是"欲速则不达"，极易造成儿童身体上的负担过大，更加严重的影响是会让他们产生孤独、不安以及痛苦的负面情绪。一旦他们觉得自己犹如置身于大海中的小鱼一般无助时，就很难摆脱这种想法。社区体育联盟通常可以对施加在运动员身上的压力做出限制，并真正将兴趣视为首要目标，为较晚发育的儿童提供技能、心智以及体质提升的机会。有些时候，为了能够打造出优秀的运动员和健康的个体，最佳的训练计划就是要适当地"退一步"，为儿童和青少年提供培育性和支持性的环境。

强度不出现激增的渐进式训练计划可以有效地提升训练效率，降低运动员产生挫败感和发生伤病的概率。该过程被称为长期训练的周期化。"周期化"这个词来源于"时期"，意指训练过程中的某个时段或者阶段。周期化是将所有运动员的训练计划进行划分的过程，从入门水平到精英级别，细化至若干时间段，使得训练更加高效。周期化也涉及运动能力长期发展的过程。

对于参加运动的儿童而言，将周期原则融入他们的训练之中至关重要。无论运动员创造最佳表现的潜力如何，他们都应参与到全方面发展阶段和专项化训练阶段。一项有效的训练计划和训练负荷设计必须仔细考虑每名儿童的身心特征。儿童的运动潜能完全受制于他的生理和心理发育。

如果置这些原则于不顾，可能就会使青少年运动员感到不安、压力过大甚至发生运动损伤。在全方面发展阶段，应当循序渐进地加入专项化训练，逐渐地培养他们的运动能力。全方面发展阶段旨在为运动员有效发展复杂运动能力构筑坚实的基础，确保他们能够平稳地过渡到专项化训练阶段。

始于婴儿期的动作技能发展为日后复杂任务的完成以及肌力和爆发力的发展奠定了基础。儿童应同时发展粗大动作技能和精细动作技能。粗大动作技能是指在身体大肌肉群协调工作下完成的大幅度动作。跑、跳、攀爬和抛接等动作都属于粗大动作技能，这些技能一般在儿童早期得到发展并随着年龄的增长日臻完善。精细动作技能包括非常细小且更加精准的动作，如使用拇指和食指拾起玉米粒。这类动作会随着粗大动作技能的发展得到完善。动作技能的学习和训练十分重要。在运动启蒙阶段，应该鼓励青少年去跑动、追逐、投掷和接抛球以及参与到各类运动项目之中，同时促进粗大动作技能和精细动作技能的发展。最不活跃的儿童通常具有最低水平的动作技能。同时，通过参加可以完善动作技能的各种练习，儿童还能够增强自信，降低产生焦虑和沮丧情绪的概率。

动作技能的发展从生命周期的早期阶段就已经开始，在运动启蒙阶段（6—10岁）变得更加明显，在运动能力形成阶段（11—14岁）得到加强，在专项化阶段（15—18岁）达到熟练掌握，直至进入高水平运动表现阶段。动作技能的发展会促进所有身体技能之间的高度协调，包括肌力、有氧耐力、柔韧性和速度的发展。一个貌似简单的动作，实际上可能是一个由不同肌群和神经模式共同参与实现的复杂动作的协调熟练过程，如投掷、击打或者冰球中的挥杆射门动作等。在发出"他似乎可以轻而易举地完成"感慨的背后，离不开多年的练习和训练。很多时候，运动员和父母过多地关注身体局部的训练，而忽视了正确的动作模式。

协调能力是高水平运动表现所必需的综合性技能。力量、速度、柔韧性以及耐力构成了高水平运动表现的体能基础，而良好的协调能力则是技能学习和完善的必要条件。一名具备良好协调性的儿童不仅可以快速地掌握一项技术，并且能够流畅地执行它。与动作执行僵硬且存在一定困难的儿童相比，协调性良好的青少年运动员在执行相同动作时的能量损耗更低。因此，良好的协调性更加有助于提高技能的执行效率。

灵敏性是指运动员快速流畅地进行变向、移动或利用假动作摆脱对手的能力。平衡能力则是运动员执行某项运动技术动作时，维持并控制身体姿势或保持稳定的能力。平衡能力不仅在体操项目中至关重要，在绝大多数集体类项目中亦是如此，因为保持身体与四肢的平衡对于同场竞技时成功摆脱或盯防对手十分重要。

虽然这些基本动作技能在很大程度上由遗传基因决定，但是它们仍然具有很高的可训练性。青少年运动员通过一定时间的重复练习，可以展现出更好的动作精准性和时机把握能力，提升整体运动表现。

通过训练提升协调性可以在幼年阶段实现，运动员在这个年纪能够很快地掌握每项技能。在运动启蒙阶段和运动能力形成阶段加入设计合理的全方面训练计划，可以帮助青少年运动员提高协调性、灵敏性和平衡能力。与专项化训练有所不同，多技能训练能够提高运动员日后的各项技术能力，最终实现卓越的竞技表现。

充分认识到力量、速度、耐力、协调性以及灵敏性之间的密切联系，可以让教练员与运动员理解全方面发展的进程。运动员的力量、速度以及耐力素质越突出，其协调性和灵敏性的发展就会越容易。例如，力量的增强有助于运动员快速移动肢体或改变方向。腿部力量或腿部对地面施加作用力的能力的增强，会提高速度。身体达到良好的力量水平有助于青少年运动员在体育运动中更好地学习运动技能。就好比手无缚鸡之力却想在专业器械上练习体操和学习新的动作技能是不可能的。运动员的力量越大，在击球、投球、抛球时就越迅速。大多数运动员都能得益于后天的力量、协调性和灵敏性的训练。

一、运动启蒙阶段（6—10 岁）

在运动启蒙阶段，儿童应该参加低强度的训练。绝大多数的儿童都无法应对高强度训练和比赛在生理和心理方面提出的要求。所以，此时针对儿童运动员的训练计划必须注重全面运动能力的发展，而不是专项运动表现。

在这个阶段，身体以稳定的速率生长发育，大肌肉群比小肌肉群优先得到发展。心肺系统恰好处于发育阶段，这个年纪的孩子的有氧能力可以胜任绝大多数的运动，但是，无氧能力在本阶段的发展并不显著，因为儿童对乳酸堆积的耐受能力较为有限。这一阶段的儿童身体组织容易受到损伤，韧带开始变得坚韧，但骨骼末端仍然是没有完全钙化的软骨。

儿童在该年龄段的注意力持续时间较短，天性爱动。因此，他们并不能长时间地久坐聆听。此阶段的训练强调的是多样性和创造性，参与远比获胜更加重要。

下面的指导原则将有助于指导教师设计出适合处于运动启蒙阶段的运动员的训练计划。

①强调通过加入多种技能和练习方法实现全方面发展，包括跑步、跳跃、投球、接球、击球、平衡和滚动。

②为每一个孩子提供足够的时间以充分发展各种技能，尽可能在游戏和各种活动中给予每一个孩子相同的练习机会。

③给予坚定、自律的儿童更多积极的支持。同时，强化技能发展过程中的表现提升。

④鼓励儿童发展柔韧性、协调性以及平衡能力。

⑤激励儿童在低强度的环境下发展不同的运动能力。例如，游泳是发展心肺系统的极佳运动项目，它可以最大限度地减少施加在关节、韧带和结缔组织上的压力。

⑥为每项技能动作选择合适的重复次数，并鼓励儿童正确完成每一项动作。

⑦合理布置训练器材和训练环境，以适应儿童的训练水平。例如，儿童尚不具备将成人标准的篮球投入3m高篮筐的力量。因此，应选择较小的轻质篮球，篮筐的高度也应适当降低。

⑧所设计的练习、游戏以及活动应当能够最大程度地为儿童主动参与其中提供机会。

⑨通过赋予儿童自行设计练习、游戏以及活动的机会，促进他们体验式地学习，鼓励他们运用自己的创造力和想象力设计活动。

⑩简化或修改游戏规则，便于儿童更好地理解。

⑪引入强调基本战术和策略的改版游戏。如果儿童已经具备了个人基本技能，

如跑动、双脚盘带运球以及踢球等技能，他们就完全可以进行一场改版后的足球比赛了。在比赛的过程中，要向儿童运动员讲解可能出现的不同状况，说明团队协作以及场上位置的重要性。社区体育联盟的理想模式是让孩子们可以和其他同龄的小朋友同场竞技，因为儿童通常在团队的环境中，能更好地学习如何应用各种技能。

⑫鼓励儿童参加着重增强注意力控制的练习，帮助他们在进入运动能力形成阶段后，可以直面更高程度的训练和比赛要求。

⑬强调道德和公平竞争的重要性。

⑭为男孩和女孩提供共同参与运动的机会。

⑮确保运动充满乐趣。

⑯鼓励儿童尽可能多地参与各种体育运动。

运动启蒙阶段是协调性发展的最重要阶段，因此这一阶段也被称为"快速收益期"。无论参加的是有组织的体育活动还是与同伴的简单嬉戏，儿童的协调性都会发生变化。在该发展阶段，参加多种活动的儿童与那些只参加某个运动项目专项化训练的同龄人相比，将会获得更大程度的协调性的提升。让儿童投入各种技能学习、游戏以及其他锻炼形式当中去，积累技能运用的经验，最终使协调能力得到显著提升。

在青春期之前的阶段，儿童主要通过玩耍和游戏发展各种基本技能和动作。在参加各种体育活动的过程中，他们还将逐渐培养区分简单和复杂动作技能的能力。以篮球项目为例，进入青春期之前的儿童最初会使用惯用手学习篮球项目里的控球技术。随着年龄的增长，在对惯用手控球逐渐适应的基础上，儿童开始进入非惯用手的运球技术学习过程之中。接下来，是掌握更高水平的协调性与灵敏性的运球技术——在胯下完成左右手的运球。随着技能的进一步提升，又将学习如何防守具有出色协调能力的对手，或如何从技能略逊于自己的对手那里将球成功抢断。

在青春期之前的阶段，还应该发展其他与协调性相关的要素，如对某项运动的本体感觉，帮助运动员提升学习的潜能。当然，如舞蹈等艺术类运动项目，这些强调节奏感的活动也同样可以为儿童协调性的提升提供益处，因为节奏感可以引导一系列韵律性和节拍性动作。

二、运动能力形成阶段（11—14 岁）

在运动能力形成阶段，应当适度地加大训练强度。此时，大多数青少年运动员仍然容易产生运动损伤，但是他们的身体和机能正在迅速生长。在这个阶段，心肺系统将继续发育，对乳酸的耐受能力逐渐增强。

教练员和父母应当十分清楚地意识到，运动员身体发育的差异性可能会导致个体运动表现的不同——这一点非常重要。有些青少年运动员在此时可能会经历生长发育的高峰期，因此在某些特殊练习的过程中缺乏协调性。基于此方面的考虑，这一阶段应当注重技能和运动能力的发展，而不是关注成绩和取胜。

下面的指导原则将有助于指导教师设计出适合处于运动能力形成阶段的运动员的训练计划。

①鼓励青少年运动员参与专项以及不同运动项目的各类练习中，这将有助于提高他们的综合能力，并为自己所在项目的比赛做好准备。逐步增加训练量与训练强度。

②所设计的练习要能够帮助运动员理解基本战术和策略，同时可以促进动作技能的提升。

③帮助运动员改进在运动启蒙阶段学到的基本动作技能，并使其成为本能反应，同时在此基础上学习一些更为复杂的运动技能。

④注重提高灵敏性、协调性和平衡能力。

⑤在训练课和比赛中强调道德与公平竞争的重要性。

⑥为所有运动员提供参加具有挑战性活动的机会。

⑦让运动员参与到可以发展一般力量的练习当中。在此阶段，运动员应当开始为日后的力量训练奠定基础。着重发展身体的核心部位，尤其是髋关节、下背部、腹部以及四肢的肌群（包括肩关节、手臂以及腿部等）。绝大部分练习应当以克服自身负重和轻器械练习为主，如实心球、轻重量哑铃练习等。

⑧继续发展有氧能力。坚实的耐力基础能够使运动员在专项化阶段更加有效地应对训练和比赛的需求。

⑨对于处在运动能力形成阶段的运动员而言，无氧训练是全新的内容。此时适度地进行无氧训练，能够帮助他们适应日后专项化阶段的高强度无氧训练。因为在绝大多数的运动项目中，无氧能力都发挥着更大的作用。然而，此阶段运动员不应参加那些对无氧乳酸供能系统提出过多要求的比赛项目，如田径项目中的200m 和 400m 跑。他们通常更加适合距离短于 80m 的冲刺跑以及在较低速度下进行的长距离耐力项目（如 800m 以上距离的长跑），前者主要动用的是磷酸肌酸供能系统，而后者则主要针对的是有氧能力。

⑩避免参加让身体承受过大压力的比赛。例如，大多数青少年运动员尚不具

备发育完全的肌肉，不能完成正确的三级跳远技术动作。在这种情况下，一些运动员可能就会遭受压迫性损伤，因为他们身体的某些部位必须承受每次跳跃过程中蹬地和起跳时产生的巨大冲击力。

⑪为了提高注意力，应当让青少年运动员进行更加复杂的训练，引入正规化的心理训练。

⑫为青少年运动员设置各种有趣的竞赛环境，允许他们运用各种技术和战术。青少年运动员喜欢竞争，但是要弱化获胜，构建竞争是为了强化技能发展。例如，运动员应当在标枪投掷比赛中关注精确性和技术，而不是投掷标枪的距离。

⑬提供与同龄人游戏和参与社交活动的时间。

协调性在青春期之前的阶段能够得到快速发展，但是在青春期可能会略有倒退。处于青春期的青少年，每年身高会突增10—12cm，协调性会因此受到干扰。这主要是因为肢体的增长——特别是下肢——改变了身体各关节之间的杠杆比例，进而影响了协调能力。

虽然对于所有的孩子而言，他们都必将面对这种变化，但是与不经常参加体育活动的青少年相比，持续参加运动训练的青少年在协调性方面还是具有优势。在青春期，这些青少年的身体平衡能力、动作控制精准度以及动作时机的把握能力将会得到持续提升。由于性别差异，女孩在视觉定位和动作节奏方面要优于男孩，因此女孩在舞蹈和艺术类运动项目方面拥有更强的禀赋。

协调能力的差异性在早熟和晚熟的运动员之间同样明显。早熟的青少年可能会出现轻微的协调性不足的情况，会暂时影响身体动作的精细协调能力。由于早熟的青少年保持着较快的生长发育节奏，因此他们比晚熟的青少年需要更多的练习以改善协调能力。关键是要进行全方面的练习，包括平衡、节奏变化以及空间定位训练等。一旦协调能力获得了改善，运动员就会感觉到他们可以掌控这些练习。在选择练习时切记，太过简单或者难度过大的训练都会阻碍运动员的进步。提高协调能力的最佳训练计划应当包括基于个体或者团队成员技能水平的各类练习和游戏。

三、专项化阶段（15—18岁）

在专项化阶段，运动员能够承受比之前两个阶段更高程度的训练和比赛要求。因此，训练过程中最为重要的变化将发生在这个阶段。之前已经参与到全面发展训练计划的运动员，从此刻开始将完成更多以专项为主的练习和训练，旨在达成某个运动项目中的高水平运动表现。为了确保运动员在承受最低损伤风险的情况下获得运动表现的显著提升，就要对训练的质量与强度进行密切的监控。在运动能力发展的最后阶段，运动员不应当再会有主要的技术问题。因此，教练员可以由原来的"教师"角色转换到"辅导者"和"训练者"的角色。

下面的指导原则将有助于指导教师设计出适合处于专项化阶段的运动员的训练计划。

①在专项化阶段，要对运动员的发展情况施以密切的监控。随着训练及比赛对生理与心理的要求日益提高，运动员必须为此建立应对策略。

②竞赛和运动项目要求提高的同时，运动员的自我意识也会随之提升。联赛中的顶级运动员也许会建立起心理优势，与此同时，那些仍然试图在比赛中努力保持竞争力的运动员却可能开始变得孤独，甚至可能影响到技能的发挥。所以，对于教练员而言，重要的是能够为他的队伍提供一个充满团队凝聚力的环境，并且让所有队员意识到他们每个人各具特点且都可以为团队做出贡献。在这种情况下，技术出色的队员可以帮助指导处于成长中的后进队员尽快进入状态。而早早开始努力追赶的队员一旦得到这样的机会，极有可能在日后成为超级明星。

③如果教练员认为运动员需要在某个特定技能或者核心运动能力方面进行更多的练习，可以建议运动员每周增加额外的练习时间。父母也应更愿意为孩子运动潜能的充分发挥提供帮助。

④针对项目主导的运动能力（如无氧能力、专项协调能力等）的进阶提升情况进行评估。

⑤通过增加专项练习的训练量，提升运动表现。身体必须适应专项化训练负荷的增加，为比赛做好有效的准备。因此，现在就是重视专项化训练的阶段。

⑥虽然训练量仍然需要逐步增加，但训练强度的增速要快于训练量。同时，让运动员能够在适当的节奏和速度下，完成某项专项技术的练习或训练。训练应该尽量模拟比赛中会出现的动作。尽管疲劳是高强度训练后的正常产物，但有效控制不让运动员达到力竭状态至关重要。

⑦尽可能让运动员参与到训练计划的制订过程之中。

⑧继续强调全方面发展训练，特别是在赛季前。

⑨鼓励运动员熟悉训练理论方面的知识。

⑩强调对完成技术动作的主要肌群（如主动肌）进行练习。力量发展应当体现运动项目的专项需求。运动员可以从较少的次数但较大强度的练习开始力量训练。应当避免最大力量的训练，同时同种练习应少于4次重复，处于生长发育中的运动员尤其需要注意。

⑪发展有氧能力应是所有运动员最优先考虑的任务，特别是参加耐力或相关耐力项目的运动员。

⑫逐步加大无氧训练的量与强度。在这一阶段，运动员能够适应乳酸堆积。

⑬提高并完善运动项目的技能。选择一些特定的练习，确保运动员执行技术时符合正确的生物力学特征。运动员应当在训练课中将高难度的练习常态化，并将其纳入具体的技战术训练之中，以便在比赛中运用。

⑭提高个人和团队的技战术能力。将基于比赛的练习纳入战术训练课程当中。选择一些充满乐趣、具有挑战性和令人兴奋的练习，训练中要求运动员迅速决策、快速响应。运动员应当在竞争的环境中表现出主动参与、自我控制和公平竞争的精神。

⑮逐步增加比赛的次数，让运动员能够在专项化阶段的后期尽可能多地与高级别选手同场竞技。聚焦专项中技战术和运动能力的发展、为比赛设定一系列目标也同样重要。尽管获胜会变得越来越重要，但是仍然不应过分强调胜负。

⑯运动员应当进行心理训练。为了运动表现的提升，在训练中应加入心理方面的训练，如视觉化练习以及动机强化等。

当儿童进入青春期时，协调性并不会以相同的速率发展，甚至可能仍然处于进入青春期之前的水平。当青春期生长高峰过后，青少年的各种能力与动作的同步性会略有提升，在青春期结束之后，同步程度会达到最大化，此时协调性还会不断提高。运动员协调性的发展速度会大大快于非运动员。

尽管这一阶段的专项化训练较为集中，但是处于青春期之后阶段的运动员还应该继续进行各种技能的练习，参加多元化的活动，注重协调性的持续提升。如果忽视这一问题，仅仅聚焦专项化训练，就可能会阻碍协调性的发展，而这对完善运动员所在项目的专项技能会产生不良影响。

第四章 青少年运动员体能训练的主要方法与手段

体能训练方法是本章的重要内容，各项目在体能训练方法的设计和使用上既有着诸多共性，同时又有更具个性的专门性训练方法和手段。

第一节 核心力量训练

医疗以及康复领域是最早运用核心力量训练的，但随着应用的扩展，运动员在进行体能训练时，也经常运用核心力量训练法并进行创新。经过大量的改进和实践，核心力量训练法逐渐完善，形成了系统化的训练模式。

一、核心力量训练释义

（一）核心区的定义

关于核心区的理解，目前在国际理论界仍存在不同的声音和分歧。在中国传统武术中，我们常称之为"丹田"，泛指人体重心周围的区域；而国外学者大都将其定义在"腰椎—骨盆—髋关节"的部位，认为其顶部以膈肌为盖板，底部以骨盆和髋关节为缸底。可以说，核心是由"腰椎—骨盆—髋关节"形成的一个整体，其形状类似于一个圆柱形的"汽缸"，具体指膈肌以下、盆底肌以上的中间区域，包括附着在它周围的神经、肌肉、肌腱、韧带、骨骼和呼吸调节系统。在人体结构中，核心区位于中间部位，是上下肢衔接的纽带和运动发力的起点，常被称为"动力源"，它的稳定影响着身体运动的整体性和竞技能力的发挥效率。随着人体运动科学的发展及核心力量训练在高水平运动员训练实践中的创造性应用，核心区的内涵也在不断地丰富和发展，进而对核心区的理解辐射至整个躯干（包括胸廓、骨盆、髋关节及整个脊柱）部位，称为"大核心区"或"核心柱"，进一步拓宽了人们的视野。

（二）核心力量

核心力量一词是伴随着核心稳定性概念的提出而出现的。有学者在 20 世纪 60 年代初，提出了人体脊柱的"二柱理论"，阐明了脊柱的基本结构和脊柱的稳定性以及两者之间的相互关系。20 世纪 80 年代，有学者在此基础上提出了"三柱理论"，认为前柱由前椎体、前半椎间盘、前纵韧带组成，中柱由后半椎体、后半椎间盘和后纵韧带组成，后柱与上位学者的后柱概念基本一致。1985 年，有学者首次提出了脊柱稳定性的概念，随后，在 1992 年又提出了"三亚系统模型"和核心稳定性的概念，此后该概念被引入竞技体育领域，核心力量训练便开始在运动员康复和竞技体能训练中活跃起来。

随着核心稳定性概念在竞技体育领域的应用，核心力量的概念便应运而生了。美国学者大都将构成核心稳定性的力量称为"核心力量"，而欧洲学者则将核心力量称为"躯干支撑力量"。我国学者则认为，核心力量除具有稳定重心、传导力量的作用外，还能够主动发力；核心力量是稳定重心和完成位移与旋转的力量，包括稳定性和动力性力量。

国内外学者从不同的角度给出了对核心力量的释义和解读，但大都集中在核心稳定性训练的问题上，均没能真正解决核心力量训练如何与专项技术动作结合的问题，这也正是核心力量训练实践中亟待解决的重点问题，是核心力量训练最本质的问题。在备战 2008 年和 2012 年奥运会众多项目的实践中，笔者的团队尝试着把核心力量训练同众多奥运竞技项目的专项需求结合起来，在把控好稳定性训练的同时，创造性地提出了核心专门性力量训练的概念，从而把核心力量训练与专项化训练实践紧密地结合起来，大大提高了训练的针对性和实效性，进一步发展和完善了核心力量理论与训练体系。

由此，笔者的团队认为：核心力量是指核心肌群（肌肉）在稳定人体重心、产生和传递力量的基础上，以发展神经支配与控制能力、本体感受性能力等为主要目的而表现出来的力量能力。核心力量训练包括核心稳定性训练和核心专门性力量训练两个部分。核心稳定性训练是进行核心力量训练的前提和基础，有静态稳定性训练、动态稳定性训练及关节养护性训练，动态稳定性又有屈伸稳定性和旋转稳定性之分。核心专门性力量训练是核心力量训练的本质和关键，包括核心功能性力量训练和核心协调性力量训练。

1. 核心稳定性

核心稳定性直接影响到四肢肌群的用力效果和动作质量，只有改善核心稳定性，才能保证运动中体位或身体姿势的合理正确，才能使整体运动更加协调与顺畅。核心稳定性能力的强弱，主要受核心区的力量、神经的支配、骨骼的支撑、韧带的连接、呼吸的调控等因素的影响。可以说，稳定性是在三维系统作用下，通过对身体姿势和重心的控制与调节，为身体运动提供稳固的支撑，使力量的产生及其在上下肢间的传递更加协调、顺畅、有效。

综上所述，核心稳定性是指人体核心肌群有效控制身体姿势和重心、构建和完善专项"运动链"以及产生和传递肌肉力量的能力，是在神经、肌肉、骨骼韧带及呼吸调节四大系统的协同作用下，控制脊柱、骨盆和髋关节的稳定姿态，使人体保持在中立位状态的能力。

2. 核心养护性力量训练

核心养护性力量训练是指在训练中，针对身体核心区的易伤部位和薄弱环节（肩关节和腰、髋关节）所进行的以伤病预防为主的体能训练理念和方法，通过加强对核心区运动关节周围的稳定肌群的力量练习，达到提高整体稳定性和平衡能力的效果，从而有效地保证了运动中的合理身体姿势和发力顺序，使伤病发生的情况得到有效预防。关节养护性力量训练有效地降低了在训练和竞赛中所造成的伤病发生率，同时也加快了伤后的快速恢复。

3. 核心专门性力量训练

核心专门性力量训练是核心力量训练的本质和突破的关键，是指根据项目的专项技术特点和运动员的个体特征来进行的动作模式训练。它要求运动员徒手或运用无固定轨迹的自由力量器械的练习，在神经系统的支配和控制下，激活核心肌群参与工作，并提高运动肌群的肌肉力量、协调能力和本体感觉，以最大限度地提高专项技术动作水平。

核心专门性力量训练尤其强调核心肌群在人体运动中的功能性和协调性作用，突出专项"运动链"的构建与整体表达，而不像传统力量训练那样只关注局部肌肉群的力量训练。进行核心专门性力量训练的常用器材有杠铃、哑铃、壶铃、弹力带、实心球、瑞士球、平衡盘及专门练习器等。

实践表明，运动员要想在竞技场上表现出应有的技术水平和优秀的专项成绩，其神经肌肉系统必须具备以下功能：足够大的运动核心、特殊情况下的协调发力与控制身体动态平衡的能力以及运动神经对肌肉运动的精准控制能力等。因此，在力量训练中必须做到以下几点。①必须进行从核心向四肢的放射性力量训练。核心力量训练是运动员进行整体力量训练的第一步，只有核心强大才能保证运动链上力量的有效传递，才能使已获得的整体力量发挥出应有的水平，而核心力量训练应重点进行核心专门性力量训练，这是核心力量训练的本质、重点和关键。②以提高整体运动能力为目的的力量训练，必须包括核心肌群的参与，以构建遵循专项力学规律的完整的"运动链"。③力量训练必须在神经系统的支配和控制下完成。核心专门性力量训练做到了上述三点，就为运动员专项力量的提高和专项技术的改造，提供了专门性的力量储备和动作支持。在此"专门性"是指专项技术对核心力量的特殊需求，而不是指专项技术或专项力量本身。

核心力量训练属于肌肉神经方面的训练，主要包括了能量代谢、心理适应、生理结构等多维度的训练活动，并且主动地适应专项需求，将积累的力量以及功能性力量有机整合，从而服务于竞技活动。具体表现是运动过程中确保动作的稳定性，以及腰部和髋部产生收缩力。而核心力量能够为运动提供力量支撑，并且在特殊运动中能够满足运动的力量需求，是人体活动的动力来源。

（三）核心力量训练的作用

如今全球有很多研究人员都将身体比作运动链条，身体的各项运动器官是组成链条的一部分。力量通过链条从力量的发起部位传递到其他发力点，假如中间传递力量的节点出现故障，力量链条就会中断。为了避免这种情况出现，一些教练提出使用核心力量训练法，它为身体的重心稳定提供了保障。

1. 稳定脊柱、骨盆，保持正确的运动姿势

如果将身体划分为上半部分以及下半部分两个区域，而核心区域就属于中间的连接过渡地带，核心区域对于身体运动机能而言非常重要，身体四肢的运动也与核心区域有直接的关系，控制了核心区域就掌控了身体的运动姿势。核心区域分布着大量的肌肉群，而肌肉群也是调节运动姿势的必要条件。在身体内的肌肉核心部位分布着盆底肌、多裂肌和膈肌，正是这些肌肉调控着身体的运动方向，对身体的运动稳定性有很大影响。假如深层肌肉的力量不足就会导致身体运动不稳，因此有必要增强核心肌肉群的力量感，这样就能够调整身体运动姿势，维持专项运动的技术稳定性。强化核心区域的肌肉训练是提高力量稳定性的常见措施。运动员若没有经过肌肉训练，产生的力量就易存在诸多问题，比如力量不稳定、持续的输出不足等。

以游泳为例，在水下游泳的运动员面临的阻力很多，所以必须减少身体和水的接触空间，让身体尽可能地保持水平状态。运动员缺少核心力量训练，下肢就

会出现较大幅度的摆动，间接地导致阻力增加，会对比赛成绩造成影响。美国的菲尔普斯在游泳期间保持了较好的身体姿态，流线型的身体姿势有效地减少了水的阻力。所以保持身体的流线型状态，有助于减少游泳运动员的水下阻力，进而使其提高比赛成绩。

2. 构建运动链，为肢体运动创造支点

身体在运动过程中需要多个肌肉群以及关节部位共同协调运转才能完成动作，每一个关节肌肉群产生的收缩率并不一样，如何将力量整合起来，按照力学规律去协调分配力量，形成合理的运动链，是我们必须思考的问题。身体部位的核心区域是控制力量的关键，骨盆、髋关节、躯干部位就有肌肉群，虽然这些肌肉的发达程度不如四肢部位的肌肉，但是对于运动有着重要的意义，特别是核心部位的肌肉收缩，可以成为其他四肢肌肉收缩的核心点，为四肢部分的肌肉收缩提供力量支撑。核心区域的肌肉发挥着连接身体上下部分的中介作用，所以核心肌肉的稳定性会给四肢运动带来影响。

以网球运动为例，击球过程中，网球运动员下肢的脚和髋等部位是发力的重点，通过将身体下肢的力量传递到手臂完成击球动作，这一过程中核心力量非常关键，若核心力量的稳定性不足且力量偏弱，动作就跟不上，对发力就会产生干扰。

3. 减少能量消耗，提高动作效能

激烈的体育项目的能量消耗非常大，比如短跑以及跳跃项目在起跳和助跑环节往往能量消耗最大。脚部用力是表面现象，实际上主要力量来源于腰髋部位的肌肉群，在这些肌肉群的带动下，力量形成了闭环，并且将下肢力量有效地传递了出来。对于运动员来说，假如核心力量较差，经过一段时间的奔跑，肌肉就会放松无力，不能有效地收缩肌肉，这就导致了能量被浪费掉。而肌肉的合理控制能够节约能量，同时为下一次的动作提供动力。

4. 预防运动损伤

核心肌肉群是维持肢体动作平衡的重要部分，尤其是运动员需要快速将力量发送出去的时候，肌肉群的稳定性可以避免运动损伤。假如运动员的力量没有正确地输送出去，有可能产生运动伤害，包括骨盆倾斜、背部疼痛、腰部扭伤等。

身体内的深层次肌肉群有助于提高身体的稳定性，能够合理分配四肢的力量，从而减小某个部位的运动冲击力。使用铁链进行测试，铁链能够承受的压力最大

值并不取决于最粗壮的一环，而是取决于最薄弱的一环。按照运动链的相关理论，人体下半部分的肢体短时间内爆发出的力量非常大，需要很快地将力量传递给上半部分肢体，如果核心肌肉力量没有起到支撑作用，力量就无法顺利地传递，而且会把力量堆积在腰部，但这些部位往往非常脆弱，一旦运动链断裂很容易出现运动损伤。

运动员的核心肌肉力量没有发挥出作用，从而导致了身体的不稳定，此时最容易出现肌肉拉伤的情况。加强核心力量的训练能够预防核心力量不稳定的情况，有助于减少运动伤害。

二、核心力量训练的主要方法

（一）核心稳定性训练（体位模式训练）

核心稳定性训练又称为"体位模式训练"，是核心力量训练的初级阶段，是以稳定身体姿势、保持身体重心、维持正常体位及有效传递能量等为主要目的的核心力量训练方法，具体包括稳态和非稳态下的徒手练习等。

1. 稳态下的徒手练习方法

（1）静力性练习方法

稳态下的徒手静力性练习是指不借助任何器械以闭锁式运动链（即肢体远端固定支撑）的训练为主的练习方式。这种练习是核心力量练习的初始阶段，旨在让运动员体会核心肌群的发力的本体感觉。练习以深层局部的稳定肌群锻炼为主，每个动作练习可持续30—60s，3—6个练习为一个组合，3—5组，组间歇时间30—90s。练习的难度可以通过不断减少支撑点的个数或者提高身体重心等来进行调整。

（2）动力性练习方法

稳态下的徒手动力性练习多采用以开放式运动链（即肢体近端固定支撑）训练为主的练习方式。这类练习通常由躯干支撑，而把四肢从闭锁式运动中解放出来，配合呼吸做前屈后伸、内收外展等各种运动。徒手动力性练习主要以锻炼核心整体运动肌群为主，练习更强调主动肌与协同肌的同步兴奋和收缩，强调拮抗肌的抑制与放松，由此使不同肌群协同起来，使肌肉力量的运用达到最大化。每个动作练习10—20次，可采用单个练习的重复训练，3—5组，间歇时间30—60s，也可将3—6个练习作为一个组合，2—4组，组间歇时间60—90s，练习时应密切配合呼吸，注意动作的节奏。

2. 非稳态下的徒手练习方法

（1）静力性练习方法

非稳态下的徒手静力性练习是指在不稳定的界面上（如瑞士球、平衡球、平衡板、弹力绳、特殊力量练习器等）进行的以闭锁式运动链训练为主的练习方法。这类非稳定状态下的动作练习，不但可以提高神经肌肉系统的兴奋性和控制能力，还可以动员更多的肌肉群同步工作，同时也融入了本体感觉的刺激，使运动员机体在提高核心稳定性力量的同时，也锻炼了神经和本体感觉。每个动作可持续坚持 15—90 秒，练习组数可以根据运动员的体能情况灵活确定，可选择不同肌群用力的动作交替进行，如俯卧撑和背桥动作的交替结合练习。

（2）动力性练习方法

非稳态下的徒手动力性练习是指在非稳态下所进行的以克服自身阻力为主的开放式运动链训练练习方法。这种在不稳定条件下进行的动力性徒手力量练习，要求运动员首先必须稳定身体重心，形成稳固的支撑，然后方可移动四肢或躯干来完成特定的运动。这种练习形式在提高四肢或躯干肌群力量和运动能力的同时，对处于不断变换中的身体重心的控制提出了更高的要求，使机体的运动肌群和稳定肌群都得到了发展。练习时应注意呼吸的配合与动作的快慢节奏。

（二）自由力量训练（转化对接模式训练）

自由力量训练是指运用无固定轨迹的自由重量器械进行核心力量训练，是从核心稳定性训练到核心专门性力量训练的过渡，也即通过自由力量练习使体位模式训练与专项动作模式训练之间实现无缝对接与转化，故我们称之为"转化对接模式训练"。

1. 稳态下的自由力量练习方法

该类练习也是我们在传统力量练习中应用较多的练习方法，其特点是支撑面相对稳定，练习器械（如杠铃、壶铃、哑铃、弹力带、水袋等）无固定轨迹。正因为如此，也使得当我们首次接触核心力量练习方法时，难免产生这样的错觉和误判，认为核心力量训练无外乎就是传统的腰腹肌力量练习，不过是换了个名词而已。可一旦深入了解，就可发现传统的腰腹肌力量练习仅为核心力量训练的方法之一，并且两者在概念上有着本质的区别，即核心力量训练为"腰椎—骨盆—髋关节"的整体练习，而传统腰腹肌练习仅为核心力量训练中的局部练习。

（1）闭锁式自由力量练习方法

稳态下的闭锁式自由力量练习是指在稳定条件下以肢体远端固定为主的自由

力量练习方式。练习的主要目的在于构建稳态下的闭锁式运动链，为肢体的发力、导力提供支撑和保障，提高动作效能；练习多与传统腰腹肌练习方式相似。

（2）开放式自由力量练习方法

稳态下的开放式自由力量练习是指在稳定条件下以肢体近端固定为主的自由力量练习方式。练习的主要目的在于构建稳态下的开放式运动链，为核心肌群的发力、导力提供支撑和保障，提高能量的输出效率和动作效能。

2. 非稳态下的自由力量练习方法

这种自由力量练习是指在不稳定的支撑界面上（如瑞士球、滑板、悬吊绳等），使用自有重量器械来进行的多关节、多维度的力量练习方法。如让运动员单脚站立于滑板上方，做各种手持哑铃或肩负杠铃蹲起、推拉、旋转等动作练习；再如仰俯卧或坐立于瑞士球上，做各种手持哑铃屈伸、内收外展、旋转等动作练习。这种力量练习方法进一步提高了练习难度，通常适用于核心肌群稳定和运动能力在中级以上水平的运动员，他们都经过了初期的稳态或非稳态下的核心力量训练，并在稳态下能够持单一运动器械完成正确的技术动作，在动作过程中能较好地控制身体，保持躯干处于正确的姿势。这类练习也是向核心功能性力量练习过渡与转换的关键阶段。

（1）闭锁式自由力量练习方法

非稳态下闭锁式自由力量练习是指在非稳定条件下进行的以肢体远端固定为主的自由力量练习方式。练习的主要目的在于构建不稳定条件下的闭锁式运动链，提高身体在动态中发力、传递力量并保持平衡的能力。

（2）开放式自由力量练习方法

非稳态下的开放式自由力量练习是指在非稳定条件下以肢体近端固定为主的自由力量练习方式。练习的主要目的在于构建不稳定条件下的开放式运动链，为肢体在运动中的主动发力创造条件，保证运动链上力的产生、传导，使训练所获取的整体力量发挥出应有的水平。

（三）核心专门性力量训练（专项动作模式训练）

核心专门性力量训练又称专项动作模式训练，是核心力量训练的本质和重点，是指根据竞技项目的专项技术和运动员的个体特点来进行的专项动作技术条件下的力量训练，是核心力量训练的高级阶段。这种核心力量练习方法可以在稳定或非稳定条件下进行，可以徒手进行，也可以使用自有重量器械进行。

核心专门性力量训练更加强调突出核心力量在专项运动中的作用，要求与专项动作模式下肢体的重点运动肌群相结合，协调用力，而不像在传统力量练习中将某个关节孤立起来单独做功。这类练习要求练习器械或肢体在动作用力过程中有明显的加速或减速，或使器械（如实心球等）在肢体末端突然爆发性地释放，练习应密切配合呼吸，在呼气发力时加速度明显增大，器械明显加速。练习常用的器材有杠铃、哑铃、壶铃、弹力带、实心球、瑞士球、平衡盘等。

练习的主要目的是，在发展核心力量的同时，根据专项技术特点和运动员个体特征为专项技术或专项力量提供专门性的服务和支持。因此，核心专门性力量训练主要以徒手或自由力量训练为主，以构建稳态或非稳态条件下的闭锁式或开放式运动链。

三、核心力量的测试与评估

核心力量测试是评价核心稳定性、诊断核心专门性力量、发现弱链环节、制订训练计划、设计训练方法以及合理规划总体训练目标的有效途径。

（一）核心稳定性测试（八级俯桥）

核心的稳定性可以通过八级俯桥进行测试。

1. 测试要求

让测试者呈俯卧姿势，以肘部及脚尖为支点，将身体撑起，骨盆处于中立位，头、肩、髋、膝、踝呈一条直线，肘关节屈成90°，前臂平行与肩同宽。整体动作应做到以下几点。①侧视：耳、肩、髋、膝、踝始终保持在一条直线上。②俯视：身体两侧对称，不向一侧倾斜或弯曲（髋关节处）。③腰背平直，顶髋收腹，保持髋部和支撑腿的稳定。

2. 测试方法

八级俯桥测试的每一级别都有明确的动作和时间要求，受试者须按规定完成测试。

3. 评分标准

根据测试者能够维持标准身体姿势（身体呈一条直线，骨盆处于中立位）的时间，并对照表格中的时间标准进行评分，测试中允许测试者有轻微偏差，但是如果骨盆离开中立位置（髋抬起或腰部下沉）或身体任何部分接触地面，计时应立即结束。在测试过程中，如果运动员的技术动作不能达到某级动作的规范要求，则评定为该级的上一级水准，如在第某级的测试中不能达到升级标准的动作要求，并经提示后仍无法达到要求，则评定该运动员的成绩为上一级水平。

（二）徒手动力性测试

核心力量的动力性测试主要测试核心肌群的快速收缩力量和力量耐力水平，主要的测试动作有仰卧两头起、侧卧两头起、跪姿俯卧挺身、站姿推拉滚轮、悬吊俯卧撑、站立支撑高抬腿等。

（三）核心力量的负重测试

核心力量的负重测试主要测试核心肌群的收缩力量、核心稳定性等，测试的动作主要有单腿支撑持球转体侧摆、站立持球下蹲（或抓举杠铃）、负重下蹲、前抛实心球、后抛实心球和侧抛实心球等。

第二节　速度训练

速度在不同的项目中具有不同的表现形式，一般来说速度主要包括反应速度、动作速度和移动速度等基本的表现形式，同时在运动实践中也存在着"速度—协调""速度—能量""速度—心理"等速度的综合表现形式。在体能训练中，应根据不同的项目特征和速度形式，而设计不同的速度训练方法和手段。

一、速度概念的释义

速度是指人体快速运动的能力，是决定运动成绩的重要因素之一。竞技运动中，速度主要体现为快速完成动作、对各种信号刺激快速反应以及快速位移的能力。速度在竞技运动中包括反应速度、动作速度和移动速度三种形式。反应速度代表着人体对各种刺激的反应的快慢；动作速度是指完成单个动作所需时间的长短；移动速度是指周期性运动中人体在单位时间内通过的距离。

在竞技表现中，速度通常并不以一种标准化、单一的形式出现，往往是综合表现型的。因此，速度除具有基本的表现形式外，还具有"速度—协调""速度—能量"和"速度—心理"等综合表现形式。

二、速度的主要训练方法

速度素质的训练方法主要有助力速度训练、阻力速度训练和加速能力训练等。

（一）助力速度训练

1. 下坡跑助力速度训练

（1）训练场地要求

理想的下坡跑训练首先应在平坦的地面上进行 20m 加速跑（加速到接近最快的速度），接着在倾斜角度为 3°—7° 的坡上进行 15m 下坡超速跑（产生比正常条件下更大更高的步长、步频和速度），最后再进行 15m 的平地惯性跑（使运动员在没有助力的情况下，保持较高的速度）。斜坡的角度不可过大，如果倾斜角度大于 7° 将产生负面影响，如落地缓冲时支撑关节承载超出生理限度的负荷冲击、摆动腿着地时身体重心投影点距支撑点过远等，这些均会使跑步技术动作发生形变。当然，即使在倾斜角度低于 3° 的坡上进行下坡跑练习也要注意制动作用和技术变形所带来的负面影响。

（2）训练的技术要求

下坡跑训练强调技术动作的合理性和速度节奏的连贯性，以防止因下坡跑而造成技术动作的变形和速度节奏的不流畅。

（3）训练的负荷

在刚开始训练时，可以用较低速度进行适应，当适应后再逐渐过渡到大强度，乃至超强度跑。训练重复次数和跑动距离应随着训练的深入而逐步增加。

2. 牵引跑助力速度训练

训练时把弹力带的一端系到运动员的腰部，另一端可系到同伴身上或固定物上。运动员后退将弹力带拉长，产生弹力，在能够掌握身体平衡后再进行高速练习。当产生适应后，就必须全力完成牵引跑练习，并逐步增加牵引距离和重复次数。

（二）阻力速度训练

1. 上坡跑训练

上坡跑阻力训练一般在 3°—7° 的坡度上进行，训练强度较高，跑动时应保持正确的身体姿势和技术动作；跑动距离一般为 10—50m；练习速度不低于最大跑速的 90%。

2. 拖重物跑训练

拖雪橇、轮胎、降落伞或其他重物进行练习是发展起动力和加速跑的常用训练方法，其原理是增加了起跑时的阻力。训练时要求运动员加大肌肉收缩力量，特别是髋、膝、踝三个关节的伸肌群力量。

3. 沙滩跑和水中跑速度训练

运动员在沙滩和水中跑动受到的阻力是较大的，但对于加大步长（伸髋肌的利用）方面的训练作用有限。在这两种环境中跑时，受到的阻力会使屈髋肌的载荷加大。

在进行水中跑速度训练时，水不宜太深，一般不高于运动员的腰部。水中跑耐力训练一般水比较深，与陆上跑相比，肌肉运动方式及运动范围相似，只是下肢伸肌动员较少，上肢肌肉动员较多，有助于在减小下肢支撑负荷的前提下保持或发展心肺功能和耐力素质。

沙滩跑是一种注重全身动作的练习方法，在沙滩上运动员利用下肢伸展力量的能力下降，必须通过缩短步长和加快屈髋摆腿速度促使步频加快，从而提高跑步所需要的专门性力量。另外，在不平稳的沙地上进行跑步练习时，膝、踝及髋关节肌群要实时调整用力，以适应在非稳态下维持身体平衡。值得注意的是，在速度训练计划中，不要过多安排沙滩跑练习，以免影响跑步技术动作的正确用力。

4. 负重背心跑速度训练

负重背心跑是让运动员穿上一定重量的背心，通过重量的增加提高腿部伸肌力量。负重背心跑增加了体重，使脚每次着地时产生的垂直力加大，并加大了肌肉完成超等长运动时所承受的负荷强度，从而提高了支撑腿着地时肌肉的紧张度。这种训练将提高肌肉承受更大离心负荷的能力，在肌肉内储存更多的弹性能量，加大肌肉收缩产生的爆发力，促使步长增加。

负重背心一般有三种：基础力量背心重量范围是 0.5—10kg，主要是发展力量耐力；速度耐力背心重量范围是 0.5—8kg，主要是发展速度耐力；速度背心重量范围是 0.5—4kg，主要是发展灵敏素质、速度和发力能力。

5. 子弹腰带速度训练

子弹腰带速度训练可以帮助运动员发展快速变速能力，提高加速过程中的步频。具体方法：由同伴协助，用子弹腰带阻止练习者前进，练习者开始加速，直到前进的力量达到可以崩开子弹腰带上的维可牢尼龙搭扣，然后前进；练习中可以通过撕裂、拉断等方式解除束缚，加速前进。

（三）加速能力训练

在大部分的运动项目中，加速度（速度的增加速率）是最需要提升的部分。加速度好的运动员能快速从一种状态或相近状态提升至其最大速度。

起跑训练时要求通过髋、膝、踝和肩背共同作用产生力量，因为快速的起跑动作要求臀部和膝部在短时间内蓄积和释放出很大的弹性力量。良好的臀部力量有助于运动员在膝抬高时分开双腿，产生水平位移，而在摆动腿支撑地面时，髋、膝、踝三关节适度退让缓冲，随即转入向心收缩，快速蹬伸向前，同时减少了与地面接触的时间。

起动训练能帮助运动员提高最大加速能力。起动训练包括各种姿势下的起跑练习、负重短距离加速练习和短跑辅助技术练习。

第三节　灵敏素质及协调能力训练

一、灵敏素质释义

（一）灵敏素质的定义

灵敏素质是指运动员在没有准备的状态下的急起、急停、变向、再加速的运动能力，即在各种变化条件下改变身体运动的能力。爆发力是起动加速和减速变向的基础。灵敏素质更强调减速能力（制动力）及随之而来的减速—加速耦合过程。在许多运动项目中，它比简单地获得和保持速度更加重要。灵敏素质水平高的运动员可以在不同的速度情况下改变运动方向，同时又具备着在高速运动中再发力的能力。

（二）灵敏素质的表现形式

从运动专项的角度，灵敏素质可分为一般灵敏素质和专项灵敏素质两类。一般灵敏素质是指在完成各种复杂动作时所表现出来的应变能力。专项灵敏素质是指各专项运动所需要的，与专项技术有密切关系的，以及适应外界环境变化的特有能力。

从竞技过程中灵敏素质的表现与应用来看，可分为闭式灵敏和开式灵敏。闭式灵敏又称程序化灵敏，是指在预先设计好的计划、可预知及稳定的环境下，进行的灵敏性训练。在闭式灵敏训练中，运动员可以决定何时、何地和如何开始动作练习，如 T 型折返跑或六边形跳等。开式灵敏也称为随机灵敏，是指在没有预先设计好的程序或在随机变化的环境下进行的灵敏性训练。在开式灵敏训练中，运动员不知道未来的动作是什么，而是根据突如其来的信号，采取相应的动作，如喊号追逐跑、抛接不规则弹性球等。

（三）灵敏素质训练的意义

1. 改善神经系统的支配、协调能力

灵敏素质训练是满足专项运动"神经—肌肉"需求的最有效的训练形式，训练的强度、持续时间、间歇时间及动作技术，可以根据专项需求进行个性化的设计，因此，灵敏素质训练更能反映出专项竞技的真实需求，能使运动员获得专门性的"神经—肌肉"适应，同时还可使其它体能要素更加符合专项需求。

2. 提高运动感知能力

灵敏素质训练可以通过运动感知能力的提高，提高身体的控制能力，即对精细动作的感知和协调控制能力，以产生更加协调、灵活的运动和更为高效的运动能量输出。

3. 提高运动整体效益

在对抗类项目中，良好的灵敏素质可以确保运动员形成最佳的进攻和防守技巧，减少多余动作，进而提高运动的整体效益。

4. 避免不必要的损伤

良好的灵敏素质能够使肌纤维被合理激活，有效地控制髋关节、膝关节、踝关节、背部、肩关节和颈部的细微运动，当遇到突变时，神经肌肉能够协调运动，进而减免不必要的损伤。

二、协调能力释义

（一）协调能力的定义

协调能力是指运动员在运动时，机体各器官系统、各运动部位配合一致，完成动作的能力。具体来说就是，身体各种感受器官接受内外环境变化的刺激，将刺激能量迅速转化为神经活动而产生大脑皮质的兴奋与抑制的相互转化，来支配和调动身体各部位的肌肉积极工作、协调一致地完成各种技术动作的能力。它是动作行为发生过程中神经、肌肉、感知觉三大系统之间合理配合的结果。

（二）协调能力的表现形式

协调能力可分为一般协调能力和专项协调能力。一般协调能力统率着合理完成各种运动技能的能力。每名经过全面基础训练的青少年运动员都要具备充分的一般协调能力。因为，一般协调能力是专项协调能力赖以发展的基础。专项协调

能力反映着该项目运动员精确、流畅地完成专项技术和与专项技术密切相关的各种联系动作的能力，它与专项的特点紧密关联，并有助于运动员更有效地参加训练和比赛。优秀的专项协调能力是运动员多年重复与专项相关的技能和技术环节的结果。

（三）协调能力训练的意义

协调能力是一种非常复杂的生物运动能力，是除体能和技能之外的又一种身体运动能力。比较三者之间的关系，不难看出，协调能力是构成身体运动能力的因素之一，但它又与速度、力量、耐力等体能素质和运动技能有着密切的联系。

协调能力的发展水平主要受运动员中枢神经系统的机能、运动员的个性心理特征、运动素质的发展水平及运动经验等因素的影响。

从运动技术教学过程来看，运动技能的形成是条件反射的建立与巩固的结果。协调能力好，就能合理地运用各种技能储备，使大脑皮层的暂时联系很快建立起来，加快对新技术的掌握。从训练的角度出发，评定技术动作的训练效果，是从定量和定性两个方面入手的。由数量和质量构成了技术动作特征的两个方面，而质量特征中的诸因素主要受协调能力的制约。协调能力好，就能把握好技术特征中的各要素，从而提高动作质量、提升训练效果。从某种意义上讲，协调能力是形成运动技术的重要基础，是提高技术训练水平的重要保证。

三、灵敏素质与协调能力的区别与联系

田麦久和武福全等人在《运动训练科学化探索》中把协调能力当作灵敏素质的一种特征，将灵敏素质作为协调能力的测试指标之一。苏联学者马特维耶夫认为，协调能力是灵敏素质的基础，并将迅速掌握新动作的能力作为灵敏素质的重要表现之一，而在学习掌握新动作的过程中，协调能力可以从灵活性、空间定向能力以及节奏感等方面表现出来。从这个方面看，协调能力又是影响灵敏素质的重要因素之一。在一项对 7—10 岁儿童进行的协调能力测试项目中，测定了儿童的空间定向能力、节奏感和运动变向能力，其中运动变向能力是灵敏素质的主要表现之一。

因此，灵敏素质与协调能力既相互区别又相互联系，密不可分。

四、灵敏素质、协调能力的训练方法

（一）闭式灵敏训练方法

闭式灵敏训练可在较高的速度下进行，但在最初训练过程中，必须控制好练

习速度。例如，"之"字形或"T"字形锥桶跑、穿梭跑等，这些练习都是按照已知的标准形式来改变运动的方向的，不存在自发性动作。一旦掌握了这些练习，并能正常完成，运动成绩就会得到改善，力量、爆发力、柔韧性和身体控制能力都会得到提高。

1. X 形前进后退跑

利用 4 个标志物摆放成一个边长约为 4m 的正方形，再将一个标志物摆放在正方形两条对角线的交点。将标志物编号，练习者由 1 号出发，正向跑到 0 号（中间标志物）；背向绕过 0 号并背向跑到 2 号；正向绕过 2 号并通过 0 号右侧跑向 3 号；背向绕过 3 号并背向跑到 0 号；正向绕过 0 号并正向跑到 4 号；背向绕过 4 号并跑回 1 号。

练习要求：①动作快速、敏捷；②急停迅速；③围绕标志物时尽量以最小半径完成；④严格按照路线行进；⑤跑动时重心不宜过高，急停时以小碎步进行，后退跑时可转头观察方向。

2. X 形前进后退 + 滑步跑

练习者由 1 号出发，正向跑到 0 号，绕过 0 号并左侧向滑步到 2 号；绕过 2 号并右侧向滑步到 3 号；绕过 3 号并滑步到 0 号；绕过 0 号并正向跑到 4 号；绕过 4 号并后退跑回 1 号。

练习要求：①动作快速、敏捷；②急停迅速；③围绕标志物时尽量以最小半径完成；④滑步时尽量平视前方，手臂张开，不要向下看；⑤严格按照路线行进；⑥跑动时重心不宜过高，急停时以小碎步进行，后退跑时可转头观察方向。

3. 方形前进后退 + 交叉步跑

利用 4 个标志物摆放成一个边长约为 4m 的正方形，进行编号。由 1 号开始，交叉步向右至 2 号；绕过 2 号并向前跑至 3 号；绕过 3 号并交叉步向左至 4 号；绕过 4 号并后退跑回 1 号。

练习要求：①动作快速、敏捷；②急停迅速；③围绕标志物时尽量以最小半径完成；④交叉步迅速；⑤跑动时重心不宜过高，做交叉步时双臂自然摆动。

4. 方形前进后退跑

利用 4 个标志物摆放成一个边长约为 4m 的正方形，进行编号。由 1 号出发，正向跑到 2 号并左转后退跑到 3 号；左转并正向跑到 4 号；左转并后退跑回 1 号。

练习要求：①动作快速、敏捷；②急停转弯和倒退跑时尽量维持好重心。

5. 方形前进后退跑+滑步跑

利用 4 个标志物摆放成一个边长约为 4m 的正方形，进行编号。练习者由 1 号出发，跑到 2 号并向右滑步到 3 号；后退跑到 4 号并左滑步回到 1 号。

练习要求：①尽快完成，转向迅速；②变向时重心不要过高。

6. L 形冲刺跑

利用 3 个标志物摆成一个"L"形，每个标志桶间隔 3m，进行编号。练习者由 1 号出发，正向跑到 2 号，绕过 2 号跑到 3 号并由内侧绕过 3 号；跑到 2 号并绕过 2 号跑回 1 号。

练习要求：变向迅速，急停有效。

7. 六边形跳

根据训练目的需要可做纵向横向的各种变化，密切结合专项需求。

练习时站立于边长为 60cm（夹角 120°）的六边形内；听到开始口令后，往六边形外跳跃，再迅速折返回六边形内，然后再跃至下一边外，并持续以顺时针方式跳 3 圈。

练习要求：①必须依序按顺时针方向进行跳跃测试；②每次必须跳进或跳出六边形的一边；③可单脚或双脚进行。

8. 小栏架练习

结合专项，根据训练目的需要可做单腿、双腿不同方向和形式的各种跑动和跳跃练习。

（二）开式灵敏训练方法

开式（随机）灵敏训练更符合球类、搏击、对打等运动项目的专项需求，是灵敏素质训练中最重要的，也是最难掌握的训练方法。运动员必须完成未知的运动形式和要求，教练员往往辅以视觉和听觉信号，使运动员根据不同的信号对运动形式做出瞬间的判断，使运动技巧水平更加接近实际比赛情景。

开式灵敏练习主要有三类：第一类是躲闪、追逐练习，如把两个人用一根绳子拴住，然后进行躲闪练习；第二类是抛接练习，如不规则球的抛接练习；第三类是专门性灵敏练习，如与专项特征相结合的练习。

（三）协调能力训练方法

由于协调能力是灵敏素质的基础，灵敏素质是协调能力的高级表现形式，因此，灵敏素质的训练方法也均可以用于协调能力的训练。协调能力的训练还可通过如下方法进行：①变换速度节奏；②变换动作力量；③变换动作幅度；④变换动作技术；⑤变换指令；⑥变换条件和环境；⑦变换运动方向；⑧反向（镜面）完成动作；等等。

第四节　耐力训练

一、耐力素质释义

（一）耐力的定义

耐力是体能的基本成分之一，在众多的运动项目中起着直接或间接的作用。传统上人们认为，耐力主要是对长距离运动项目有重要的影响，如长距离跑、游泳等，然而，耐力对于一些集体或者是连续快速做功性项目同样具有重要的影响，因为，它在乳酸的消除和能量的恢复等方面都起到了积极的作用。有学者将耐力定义为，有机体坚持长时间运动的能力。运动员要在竞赛全过程中，保持特定的运动强度或动作质量，就必须具备良好的耐力素质，就必须具备能与在持续运动过程中不断积累和加深的疲劳做斗争的能力。还有学者将耐力定义为，是有机体在较长时间内，通过对抗疲劳（生理疲劳和心理疲劳）来保持特定强度负荷或动作质量的持续工作能力。

（二）耐力素质的分类

按照不同的视角，耐力素质存在多种分类方式。按人体的生理系统，耐力可以分为肌肉耐力和心血管耐力，而心血管耐力又可以分为有氧耐力和无氧耐力。根据身心特点又可以分为心理耐力和生理耐力等。

二、耐力训练方法

（一）乳酸分级训练法

以赛艇运动员张秀云的有氧训练为例，为实际应用提供参考。目前国内外许多研究认为，赛艇是一项以有氧为主的体能类项目，在 2 000m 比赛过程中，有氧比例占到80%甚至更多。因此，在赛艇的耐力训练过程中，有氧训练占主要部分。根据以往人们提出的耐力训练模式，可以归为两种：一种是乳酸阈模式，即大部分训练比例在乳酸阈附近；另一种是两极化模式，即训练比例大部分在低乳酸区域或高乳酸区域。我们可以将我国优秀赛艇运动员张秀云的水上＋陆上耐力训练分为三级，即乳酸值小于 2.0mmol/L，乳酸值在 2.1—3.5mmol/L，乳酸值在 3.6—5.0mmol/L。此外，在其训练中还有其他有氧方式，如乳酸值在 1.0mmol/L 左右，基本上是恢复性有氧训练，以及乳酸在 5.0mmol/L 之上的无氧训练。

按照给出的特定乳酸值进行分区，并参照三级递增负荷测试和训练实践中所得乳酸—心率曲线找出不同乳酸区间对应的心率区间，对其备战期间所有水上＋陆上训练课进行统计，观察其整个备战周期中的训练强度分布发现，第一和第二阶段的训练，乳酸值小于 2.0mmol/L 的训练比例约占到 40%，而在无氧阈范围内占 5%—10%，在无氧范围的则小于 1%。第三阶段发生了明显的改变，首先乳酸值小于 2.0mmol/L 的训练比例明显提高，而无氧阈范围的训练比例明显下降，有氧范围的训练比例有所提高。

（二）临界功率训练

到目前为止，普遍的观点认为，临界功率训练主要是以在乳酸阈值以上、最大摄氧量以下的强度进行训练的一种方式，即以最大摄氧量 70% 的强度进行训练，以提高机体的有氧代谢能力。

第五节 柔韧性训练

一、柔韧性与功能性拉伸释义

（一）柔韧性

柔韧性是竞技运动员身体训练的重要组成部分，柔韧性的好坏用关节运动幅度的大小来表示。良好的柔韧性可以增加运动时关节的活动幅度；可以提高完成动作时的精确性；有助于提高运动的效率，如增加皮艇运动员划桨的划距，使原动肌的工作更经济、更高效。良好的柔韧性有助于防止运动损伤的发生，特别是肌肉拉伤的发生。假如运动员柔韧性较差，会导致腰脊部疼痛，这种情况通常是由股四头肌、髂腰肌和背部肌肉过紧（也可能是腹肌或腘绳肌力量较差）造成的。良好的柔韧性有助于提高肌肉的质量，有利于预防肌肉僵硬即肌肉损伤，特别是在一些需要具备柔韧性的动作中，如皮划艇的划桨动作。

（二）功能性拉伸

功能性拉伸（牵拉）就是在掌握运动解剖学和生物力学知识的基础上，通过分析运动员的实际需求来明确拉伸目标，并根据目标来选择牵拉技术和牵拉姿势，从而真正达到科学训练的目标。要针对运动项目的特定需求，通过增加骨骼肌起止点或不同骨骼间的距离，达到完善骨骼关节肌肉运动链功能的目的，从而为高强度的训练比赛做好准备和加快机体的恢复速度。不同的牵拉有提高关节活动度、肌肉弹性和爆发力等不同作用，每名运动员的柔韧性和训练目标不一，甚至伤病情况也不相同，所以根据不同的牵拉目的来选择牵拉技术和姿势是非常重要的。实践证明，拉伸练习有助于提高肌肉、肌腱、韧带和神经的协同工作能力，进而使运动员的肌肉力量快速增长。

二、拉伸的内容与形式

拉伸训练的内容包括身体不同部位的不同形式的拉伸，拉伸的部位主要是大关节周围的大肌肉群，拉伸的形式可分为静态拉伸、动态拉伸和 PNF 拉伸等。

静态拉伸是指一种缓慢的、稳定的、在拉伸的止点停留一定时间的拉伸方法；而动态拉伸是一种通过运用与运动项目相似的动作，帮助身体适应接下来的运动训练或者比赛的功能性的拉伸技术；PNF 拉伸又称为本体感受神经肌肉促进疗法。下面主要对 PNF 拉伸做简要介绍。

PNF 拉伸有三种不同的技术，即控制放松技术、收缩放松技术和控制放松同时对侧肌肉收缩技术。

①控制放松技术：控制放松技术要求在最大关节活动范围处与训练师进行对抗，使肌肉产生等长收缩，对抗的时间长度为 6s。之后运动员放松，训练师进行 30s 的被动拉伸。

②收缩放松技术：收缩放松技术要求在进行过 10s 的被动拉伸之后，运动员与训练师对抗，使被拉伸的肌肉产生向心收缩，在整个关节活动范围内进行对抗，缓慢地使关节伸展，之后进行 30s 的被动拉伸。

③控制放松同时对侧肌肉收缩技术：控制放松同时对侧肌肉收缩技术的前两部分与控制放松技术一样。之后在被动性拉伸的同时，对侧肌肉主动收缩。

三、柔韧素质的牵拉方法

柔韧素质的牵拉方法主要有静力性拉伸、助力性拉伸和动力性拉伸等练习方法。

（一）静力性拉伸

静力性拉伸是柔韧素质训练的基本方法，要求运动员在一定的拉伸幅度上静止保持一定的时间，以提高柔韧素质。

（二）助力性拉伸

助力性拉伸是指在教练员或同伴给予一定助力的条件下，来增大拉伸幅度并维持一定时间的练习方法。

（三）动力性拉伸

动力性拉伸主要是指运动员通过动力性的方式，循序渐进地增大拉伸幅度，以提升柔韧素质。

（四）双人配合拉伸

双人配合拉伸主要是指两名运动员在相互助力配合的情况下，逐步拉伸并保持一定时间。双人配合拉伸是静力性拉伸、助力性拉伸及动力性拉伸三种拉伸方法的结合。

（五）器械弓步拉伸

通过器械弓步拉伸达到拉伸股四头肌和髂腰肌的目的。右腿跪在软垫上，左腿置于体前支撑；双手将调节器拉向扶手，右腿推软垫向后伸；伸到关节活动幅度末端时，松开调节器，此时软垫将自动固定住；保持15—20s后换另一侧做同样的动作。练习时身体保持正直，不得过度前倾。

（七）器械举腿拉伸

练习的目的在于，拉伸腘绳肌和小腿三头肌。仰卧，将右脚放在板上，脚蹬住横杠；左腿放松，自然放于地面；左手向后拉调节器，右腿抬高，至不能进一步抬高时，松开调节器，板将自动固定住；保持15—20s，换左腿做同样的动作。练习时不得通过移动骨盆来增加动作幅度。

四、身体各区域功能性拉伸方法

（一）腰腹区域

1. 腰腹区肌肉功能

腰区肌群主要分布在腰背深层，是伸展脊柱和维持脊柱平衡的肌群，位于背柱两侧。腹区包括腹直肌、腹外斜肌、腹内斜肌等，它们共同组成腹壁，是屈曲脊柱的肌群，往往比伸肌群力量弱，因而我们在考虑处理运动员腰疼问题的时候，需要同时针对腹肌安排特定的治疗和康复训练内容。腰侧区（腰方肌）位于竖脊肌和腰背筋膜的深层，不容易触及。但它是重要的侧屈肌和维持脊柱平衡的肌肉，在协调上下肢活动中扮演着重要角色。

2. 腰腹区肌肉运动

腰腹区的肌肉运动主要为躯干的屈伸和侧屈。

3. 腰腹区功能性拉伸方法

（1）坐姿（盘腿）体前屈

①拉伸方法：盘腿坐在垫子上，身体前倾，躯干缓慢前屈伸展，使头和腹部尽可能低于髋和大腿的水平面。

②拉伸肌肉：首先是腰髂肋肌、多裂肌；其次是棘间肌、回旋肌、胸棘肌。

③拉伸要领：过度屈体会伤害脊柱，动作要慢，背部弯曲，不要将背挺直。

（2）仰卧屈膝转髋

①拉伸方法：仰卧，右腿屈膝在左腿上方交叉，两臂自然伸直，右肩着地，躯干和右腿反方向旋转。当采用被动拉伸时，同伴跪姿，一手按住运动员的右肩部于地面，另一手缓慢前推髋部。

②拉伸肌肉：首先是棘间肌、回旋肌、多裂肌、阔筋膜张肌、髂胫束；其次是腹直肌。

③拉伸要领：右腿伸直可以加大牵拉强度；被拉伸侧的肩部不可离开地面；采用被动拉伸时，使用本体感受神经肌肉促进疗法（PNF）效果更好。

（3）俯卧背伸

①拉伸方法：俯在垫子上，两手掌朝下，手指指向髋部前方，并且支撑躯干背伸。缓慢下腰，收臀，继续将腰、头和胸抬离地面。或仰卧在瑞士球上，两脚撑地，上臂自然伸展，将背部压在瑞士球上。

②拉伸肌肉：首先是腹直肌、腹内外斜肌；其次是腰方肌、腰大肌、髂肌、回旋肌、半棘肌。

③拉伸要领：对腹肌薄弱的人来说，腰椎背伸是危险动作，应采用最小幅度牵拉。

（4）侧卧球体顶髋

①拉伸方法：侧卧于瑞士球上，双脚固定撑地，双手抱头，身体侧弯。

②拉伸肌肉：首先是腹内外斜肌、回旋肌；其次是腰方肌、回旋肌、胸棘肌、股后肌群。

③拉伸要领：双足必须固定好，可以在髋骨下垫上软垫子，保持腰椎直立，以免降低牵拉强度。

（5）仰卧屈髋团身

①拉伸方法：仰卧于垫上，右膝弯曲，左小腿放在右大腿上；双手抓握膝盖或从左小腿下方抓握右大腿，向躯干牵拉右腿团身。

②拉伸肌肉：首先是腰髂肋肌、多裂肌、臀肌群、梨状肌；其次是棘间肌、回旋肌、胸棘肌、股后肌群。

③拉伸要领：注意避免过度牵拉。

（二）髋关节、大腿区域

1. 髋关节、大腿区肌肉功能

髋关节是球窝关节，是人体稳定性最高的关节，腰—骨盆—髋共同构成了人体的核心区域。髋关节、大腿区主要肌肉群分为髋深层（髂腰肌、闭孔外肌）、髋前区（股四头肌）、髋后区（臀肌群、梨状肌、股后肌群）、髋侧区（阔筋膜张肌、髂胫束）。髋关节周围的韧带是人体最强壮的韧带，静力牵拉结合本体感受神经肌肉促进疗法（PNF）可以有效增加活动度。

髂腰肌由髂肌、腰大肌组成，在腹股沟处相连形成髂腰肌，是非常重要的屈髋肌。从解剖特点看，经常处于缩短紧张状态，从而增加了腰椎前凸的应力，髂腰肌和股直肌是做前踢腿和躯体动作时较重要的主动肌，但由于髂腰肌和股直肌力臂较长，工作效率不高，更需要在准备活动时安排动态牵拉和在训练中针对性提高肌力。训练后放松时必须安排股后肌群的静态牵拉，既可以加快疲劳恢复，又能保持柔韧性，为下次训练做好准备。

股四头肌群由股直肌、股中肌、股内侧肌和股外侧肌组成，其中股直肌是双关节肌，注意当急速收缩时，有可能造成髂前棘撕脱。

髋后区（臀肌群、梨状肌、股后肌群、闭孔内外肌）是重要的伸髋肌群和髋外展肌群。梨状肌是重要的髋关节外旋肌肉，同时坐骨神经从其周围或直接穿过，一旦梨状肌有炎症，就可能影响坐骨神经，从而产生串麻。闭孔内外肌是位于髋部深层的髋关节外旋肌肉，在准备不充分时，容易拉伤且不易确诊，但是，仰卧屈髋屈膝90°，大腿内旋或外旋可以检查梨状肌、闭孔内外肌是否拉伤。腘绳肌由股二头肌、半腱肌、半膜肌组成，都是跨越髋关节和膝关节的双关节肌，在做直膝屈髋的动作时，如果幅度或力度超过正常范围时容易产生拉伤。

2. 髋关节、大腿区肌肉运动

髋关节、大腿区的肌肉运动主要为屈伸、内收、外展、内旋和外旋。

3. 髋关节、大腿区功能性拉伸方法

（1）仰卧双手抱膝拉伸对侧

①拉伸方法：仰卧于按摩床边，双手抱右膝团身，腰骶区贴住床面，左膝放松伸直，教练或同伴压住右膝，向下推左大腿。

②拉伸肌肉：髂腰肌、内收肌群。

（2）侧卧屈膝拉伸大腿

①拉伸方法：右侧侧卧，左手握住左踝，向后拉左踝的同时向前顶左髋。

②拉伸肌肉：股四头肌、髂腰肌。

③拉伸要领：顶髋比屈膝更安全，对膝关节刺激较小；顶髋时注意腰（骶）关节不要过分前凸，以免增加腰椎关节负荷，也可以仰卧牵引大腿、俯卧拉伸大腿、跪姿单腿支撑拉伸大腿。

（3）仰卧屈膝伸腿

①拉伸方法：仰卧直膝并腿，右腿屈膝收腿，双手抓住右脚掌，缓慢将右腿尽量伸直。

②拉伸肌肉：股后肌群、臀大肌、腓肠肌、竖脊肌。

（4）跪姿盘腿体前屈

①拉伸方法：跪姿，右膝屈曲盘放在瑞士球上，躯干尽可能向前屈。

②拉伸肌肉：臀中肌、臀小肌、梨状肌、闭孔内外肌、股方肌、阔筋膜张肌。

③拉伸要领：保持躯干正直。

（5）侧卧下侧腿内收拉伸

①拉伸方法：右侧卧，左腿屈膝，左脚置于右膝前，右腿伸直，右小腿放在泡沫圆筒之上，躯干向左侧侧屈。

②拉伸肌肉：阔筋膜张肌、髂腰肌、臀中肌、臀小肌、腰方肌。

③拉伸要领：升高泡沫圆筒高度，加大牵拉强度。

（6）坐姿横叉

①拉伸方法：坐姿，双手撑在体前，躯干稍前屈，双膝伸直，双踝内侧缘着地。

②拉伸肌肉：内收肌群、缝匠肌。

③拉伸要领：垫高踝关节，加大牵拉强度。

（7）仰卧屈髋大腿外旋（被动拉伸）

①拉伸方法：仰卧于垫上，左腿屈膝、屈髋90°，教练员（或同伴）一手按压住左膝，另一手抓住左小腿向内拉；右腿同。

②拉伸肌肉：梨状肌、臀中肌、臀小肌。

③拉伸要领：保持右膝和右髋在同一垂线上旋转；在向内拉小腿的同时，将左大腿推向躯干，可以加大臀中肌和臀小肌的牵拉强度。

（8）仰卧屈髋大腿内旋

①拉伸方法：仰卧于垫上，右腿屈膝、屈髋90°，教练员（或同伴）一手按压住右膝，另一手抓住右小腿向外拉；左腿同。

②拉伸肌肉：闭孔外肌、闭孔内肌、缝匠肌。

③拉伸要领：保持右膝和右髋在同一垂线上旋转；在向外拉小腿的同时，将右大腿推向躯干，可以加大臀中肌和臀小肌的牵拉强度。

（三）肩胸背区域

1. 肩胸背区肌肉功能

肩胸背区主要肌肉群：肩区（冈上肌、冈下肌、小圆肌、肩胛下肌、三角肌），三角肌分为前、中、后三部分覆盖在肱骨头上方，是上臂前屈、外展和后伸的主要用力肌肉，特别是肩关节外展90°以上时，三角肌和肩袖之间的滑囊容易发炎，是常见肩部损伤之一。

盂肱关节是人体活动度最大的关节，稳定性最低。需要关节盂唇、韧带和肩袖以及周围肌肉提供静态和动态的稳定性，其中肩袖最容易反映出肩关节功能状态。肩关节由肱骨、肩胛骨和锁骨及其附属结构组成。

肩袖是指由冈上肌、冈下肌、小圆肌、肩胛下肌4块肌肉的肌腱所组成彼此相连的腱板，分别止于肱骨大结节，它的作用在于加固肱骨头与关节盂的连接，起到加强肩关节的作用。

肩袖损伤指上臂肩关节处反复完成强烈的伸展运动，使肌腱袖与骨及韧带不断摩擦，或肌肉反复牵拉，使肌腱、滑囊产生微细损伤，进而造成慢性损伤。肩关节的前部（旋中肌群）和肩关节的后部（旋外肌群）起到固定肩部的作用。这两个肌群相互作用保证球窝关节正确连接，当两者之间主动肌和对抗肌的肌肉力量不平衡时将会导致受伤，肩部的肌肉力量不平衡而造成的慢性运动损伤现象在运动中较为严重。针对肩袖的力量练习可以非常有效地提高肩关节的功能。

多数情况下，后背部和胸部肌群也起到控制肩胛骨活动的作用。肩胛骨周围的肌肉需要有极强的力量和控制能力，比如前锯肌附着在胸腔上，起到控制和稳定肩胛骨的作用。从运动解剖学角度看，当前锯肌在近固定（肋骨固定）时，肩胛骨前伸，上回旋，该肌与斜方肌共同作用能使上臂上举到垂直部位，当前锯肌远固定（肩胛骨固定）时，下部肌纤维收缩可提肋，帮助深呼吸，平时由于大多数传统的练习没有训练到肩胛骨的肌群，肩部损伤的风险就会增加。

背区（肩胛提肌、菱形肌、大圆肌、背阔肌）具有稳定盂肱关节、肩胛骨胸壁、肩锁关节和胸锁关节的作用，肩胛提肌协助斜方肌上提肩胛骨，协同菱形肌外旋肩胛骨，可见肩胛提肌在肩关节活动时起到稳定肩胛骨的作用，再加上它们属于较细弱的肌肉，所以最容易疲劳，也容易出现背部最常见的疼痛。菱形肌是对抗胸前肌群前拉肩胛骨的主要肌肉之一，是上背部最容易疼痛的部分，不易引起教练员和运动员的重视，而且在一般训练中不易提高菱形肌的力量。所以长此以往会造成含胸圆背的不良姿势，使肱骨头和肩胛骨的位置不在正常的功能部位，从而产生一系列副作用。

胸前侧区包括胸大肌、前锯肌，胸大肌可分为锁骨部、胸骨部和肋骨部上、中、下三部分。不正确的生活姿势，以及过度牵拉肱骨和锁骨，是形成含胸姿势的原因之一。前锯肌位于胸廓外侧，从人体功能运动学角度出发可以将其看成一个整体，分别起到稳定盂肱关节、肩胛骨胸壁关节和肩锁关节的作用。肩部运动离不开肩关节力的传递，保证肩关节的动态稳定性是体能训练永恒不变的目标。同时从人体运动学角度出发，做准备活动时，肩袖应该适当动态牵拉，以增强功能稳定性，训练后放松时，应加强胸背肌群（胸大肌等）的静态牵拉。

2. 肩胸背区肌肉运动

肩胸背区是人体参与活动最多的区域，也是所做动作相对更为复杂的区域，在练习之前有必要对其解剖结构加以了解。

3. 肩胸背区功能性拉伸方法

（1）直臂扩胸

①拉伸方法：跪姿俯卧，手臂放在瑞士球上，拇指方向朝前（前臂旋后），肘关节伸直，前臂为发力点。

②拉伸肌肉：胸大肌、三角肌前束、肱二头肌、背阔肌、下斜方肌。

③拉伸要领：颈椎伸直使锁骨保持中立位，最好有人协助使前额向后。

（2）坐姿屈肘背后侧拉

①拉伸方法：坐于垫上，左臂屈肘 90°放在背后，右手握住左肘，向右向上牵拉。右同。

②拉伸肌肉：左胸大肌、三角肌前束和中束、左前锯肌、肩胛提肌、胸小肌、冈上肌、喙肱肌。右同。

③拉伸要领：当柔韧性不足以握住左肘时，可握住左腕向右侧牵拉，同时向上牵拉，胸部保持直立。当以站姿练习时，站立时双手在身后，必须保持身体平衡。

（3）直臂水平侧拉

①拉伸方法：右臂伸直，水平内收，躯干向右侧旋转。

②拉伸肌肉：三角肌后束和中束、背阔肌、肱三头肌、斜方肌中束、菱形肌、大圆肌、小圆肌、冈上肌、前锯肌。

③拉伸要领：假如左臂在姿势外展，能更好地牵拉前锯肌，但对菱形肌的牵拉就会减少。

（4）直臂压肩

①拉伸方法：跪姿，双臂前伸，直臂放在瑞士球上，拇指向上，前臂旋后。

②拉伸肌肉：三角肌后束、斜方肌中束、肱三头肌、大圆肌、菱形肌、冈下肌、背阔肌、小圆肌、冈上肌、前锯肌。

③拉伸要领：胸部伸直，不能弯曲，躯干向两侧方向旋转可以加大牵拉强度。

（5）背后外拉肩胛骨内侧缘

①拉伸方法：右侧卧，左手放在背后，拇指向上，前臂旋后，躯干向右侧旋转。

②拉伸肌肉：主要拉伸菱形肌、三角肌后束，次要拉伸冈上肌、前锯肌。

③拉伸要领：胸部前屈可以加大牵拉强度。

（6）坐姿屈膝挺髋拉肩

①拉伸方法：背靠瑞士球坐于垫上，双肩直臂后伸，双手扶于瑞士球上，屈膝挺髋，双手按压瑞士球。

②拉伸肌肉：三角肌前束、胸大肌、肱二头肌、前锯肌、大圆肌、小圆肌、胸小肌。

③拉伸要领：保持上体正直。

（四）臂肘腕区域

1. 臂肘腕区肌肉功能

臂肘腕区肌群主要由肱二头肌、肱三头肌、肱桡肌、旋前圆肌、桡侧腕屈肌、尺侧腕屈肌和桡侧腕伸肌等组成。做准备活动时，适当安排动态牵拉可以增强其动力链的功能。训练后静力牵拉可以有效减少肌肉疲劳，特别是前臂肌群。

肱二头肌（跨越肩关节和肘关节）上止点与盂唇相连，不当牵拉可能损伤盂唇或肌腱，所以禁止弹性牵拉，特别是在外力的协助下弹性牵拉。

2. 臂肘腕区肌肉运动

臂肘腕区的肌肉运动，在肘关节主要为屈和伸，在前臂主要为内旋和外旋，在腕关节主要为屈伸、收展和绕环。

3. 臂肘腕区功能性拉伸方法

（1）跪姿屈肘压肩

①拉伸方法：面对瑞士球跪立，上臂外展180°，右臂屈肘，左手抓住右手腕，将右肘放在瑞士球上，躯干向下压肩。

②拉伸肌肉：肱三头肌、背阔肌、三角肌后束。

③拉伸要领：臀部坐于脚上，躯干尽可能向下压肩。

（2）跪姿牵拉前臂肌群

①拉伸方法：跪在柔软的垫子上，肘关节伸直，随着手指指向前后侧。

②拉伸肌肉：前臂各肌肉群。

③拉伸要领：注意避免过度牵拉。

（五）小腿踝区域

1. 小腿踝区肌肉功能

小腿踝区主要肌肉群位于小腿后区（小腿三头肌、胫骨后肌、腓骨长肌和腓骨短肌）。小腿三头肌由浅层的腓肠肌和深层的比目鱼肌组成，只有在伸直膝关节时才能更好地牵拉到位。小腿三头肌容易拉伤并形成硬结，适当安排小腿踝区肌肉的动态牵拉可以提高肌肉的动态功能稳定性，减少受伤风险，可以非常有效地减小肌肉负荷。所以运动员训练后必须安排小腿三头肌的静力牵拉，以加快疲劳恢复。

2. 小腿踝区功能性拉伸方法

（1）站立牵拉

①拉伸方法：双足站立于台阶或斜坡，足跟悬空，一手扶住固定位，身体保持平衡。

②拉伸肌肉：小腿三头肌、胫骨后肌、腓骨长短肌、股后肌群。

③拉伸要领：双膝微屈可以减少对股后肌群的牵拉，增加对胫骨后肌和腓骨短肌的牵拉。前足站立时更易牵拉小腿三头肌上半部。单足站立可以加大牵拉强度。

（2）站姿跖屈踝

①拉伸方法：一手扶瑞士球保持平衡，跖屈右踝关节，足背着地。逐渐将重心移至右侧，加大牵拉强度。

②拉伸肌肉：胫骨前肌、短伸肌、趾短伸肌、长伸肌、趾长伸肌。

③拉伸要领：踝关节内外翻可以针对小腿内外侧肌肉加大牵拉强度。

（六）颈区域

1. 颈区肌肉功能

颈区肌肉在运动中扮演着重要角色，能够配合前庭系统和视觉系统感知身体姿势的变化，及时调整头的位置，从而精细平衡协调身体整体性运动。

颈区肌肉主要分成背浅层（斜方肌、头颈夹肌和头颈部竖脊肌）和背深层（头部多裂肌和回旋肌）。斜方肌覆盖在所有颈后部、肩后部和上背部的其他肌肉之上，长期处于紧张状态，在检查和治疗颈后部、肩后部和上背部肌肉疼痛和功能障碍时是重点检查部位。头颈夹肌在斜方肌、菱形肌和上后锯肌的深层，分为头夹肌和颈夹肌。如果颈区肌肉酸疼，不仅可能引起颈背部肌肉筋膜的反射疼，更严重的甚至会影响协调头与躯干运动的能力。

2. 颈区功能性拉伸方法

（1）头后仰

①拉伸方法：坐姿头后仰，使鼻尖指向天花板。

②拉伸肌肉：胸锁乳突肌、头最长肌、头半棘肌、头夹肌、斜角肌。

③拉伸要领：不要耸肩。

（2）双手抱头头前屈

①拉伸方法：站或坐姿，双手交叉抱头，轻微将头向前牵拉，使下巴和胸尽可能接近。

②拉伸肌肉：斜方肌、头最长肌、头半棘肌、头夹肌、斜角肌。

③拉伸要领：牵拉时坐姿更能放松，注意不要耸肩，以免降低牵拉强度。颈椎保持伸直，不要弯曲，尽量使下巴接触胸部最低点。

（3）单手抱头头侧屈和旋转

①拉伸方法：坐姿或站姿，将右手放在头左侧，向右侧缓慢牵拉，尽量使脸颊和右肩接触；右侧同。

②拉伸肌肉：左侧斜方肌、胸锁乳突肌、头最长肌、头半棘肌、头夹肌、斜角肌；右侧同。

③拉伸要领：保持上体正直、动作缓慢。

第六节　养护与康复训练

养护性体能训练就是指在运动训练中针对身体易伤部位和薄弱环节（如腰、膝、踝及肩关节等）进行防伤防病的体能训练。养护性体能训练有效地减少了在训练和竞赛中伤病的发生，同时也加快了伤后的快速恢复。

一、养护性体能训练释义

随着运动竞技水平的极限化发展，运动训练和竞赛的负荷刺激对运动员的身心也向着极限逼近，加之教练员缺失养护性训练理念，训练和比赛中的伤病发生率长期居高不下。虽然运动员伤病后的康复性体能训练已经较为成熟，但近年来，运动员伤病的发生率仍有增无减，仅仅依靠运动员伤病后的消极治疗和被动练习，不能真正解决训练和竞赛中伤病率高的问题。

养护性体能训练就是指在运动训练中针对身体易伤部位和薄弱环节（如腰、膝、踝及肩关节等）进行防伤防病的体能训练。通过加强对运动关节（如腰、膝、踝和肩关节等）周围肌群的力量练习，改善关节力量的均衡性，提高关节的稳定性，从而保证运动中的合理身体姿势和协调用力，有效抑制训练和竞赛中伤病的发生，同时也能够加快伤病后的恢复。

二、各部位的养护与康复训练方法

养护性体能训练是一种把训练中的养与护有机结合起来，能够达到伤病预防目的的训练方法。

（一）肩关节养护与康复训练方法

1. 坐立瑞士球单臂上举

①练习要求：躯干正直，坐在瑞士球上面，单臂持重物交替上举，双脚开立略宽于肩。双臂上抬至水平线，然后缓慢下放至准备姿势，反复进行 10—15 次，可进行多组练习。

②练习要点：注意力主要集中在肩带用力和动作速度与节奏的控制上，同时保持核心区域的稳定。

2. 坐立瑞士球直臂侧举

①练习要求：躯干正直，坐在瑞士球上面，小臂内旋，双手持重物直臂下垂，双脚开立略宽于肩。双臂上抬至水平线，然后缓慢下放至准备姿势，反复进行 10—15 次，可进行多组练习。

②练习要点：注意力主要集中在肩带用力和动作速度与节奏的控制上，同时保持核心区域的稳定。

3. 坐立瑞士球屈臂上下旋

①练习要求：躯干正直，坐在瑞士球上面，双臂侧平举屈肘 90°，双手持重物小臂下垂，双脚开立略宽于肩。固定大臂，小臂以肘关节为轴缓慢上旋 180°，直至与地面垂直，然后缓慢下放至准备姿势，反复进行 10—15 次，可进行多组练习。

②练习要点：注意力主要集中在肩带用力和动作速度与节奏的控制上，保持大臂与地面平行和核心区域的稳定。

4. 俯撑肩胛骨上、下旋

①练习要求：俯卧于垫上，上体与双腿上抬离地悬于空中，双臂屈曲，肩、臀、腿三部位夹紧。固定躯干，双臂沿耳上方前伸，直至双臂伸直与躯干形成一直线，然后缓慢下放至准备姿势，反复进行 10—15 次，可进行多组练习。

②练习要点：注意力主要集中在肩胛骨用力和动作速度与节奏的控制上，保持身体姿势。

5. 俯撑肩胛骨后缩直臂前伸

①练习要求：卧于垫上，上体与双腿上抬离地悬于空中，双臂伸直下垂于两侧，臀、脚夹紧。固定躯干，双臂伸直上抬，肩胛骨后缩，然后双臂沿耳前举直至双臂伸直与躯干形成一直线，然后缓慢下放至准备姿势，反复进行 10—15 次，可进行多组练习。

②练习要点：注意力主要集中在肩胛骨用力和动作速度与节奏的控制上，保持身体姿势。

6. 跪姿直臂推拉滚轮

①练习要求：跪姿，躯干中立位，双臂抓滚轮置于面前地面。以肩关节为轴

缓慢沿地面推拉滚轮还原至准备姿势，反复进行 3—5 次，可进行多组练习。

②练习要点：注意力主要集中在肩带用力和动作速度的控制上，保持大臂与地面平行和核心区域稳定。

（二）腰髋关节养护与康复训练方法

1. 侧桥练习

①练习要求：侧卧屈肘及单脚支撑，另一手叉腰，腿向上高抬，然后缓慢下放至准备姿势，反复进行，每组控制 10—30s，可进行多组练习。

②练习要点：注意力主要集中在腰髋用力和动作稳定的控制上，同时保持核心区域的稳定。

2. 非稳态下的背桥练习

①练习要求：仰卧，肩、腿支撑（单腿或双腿支撑），使肩、髋保持中立位，保持静止，维持 15—30s。

②练习要点：注意力主要集中在腰髋用力和动作稳定的控制上，同时保持核心区域的稳定。

3. 瑞士球俯卧"三加紧"

①练习要求：俯卧于瑞士球上，使肩、髋保持中立位，两臂屈肘，后缩肩胛骨，保持静止，维持 15—30s，可进行多组练习。

②练习要点：注意力主要集中在腰髋用力和动作稳定的控制上，同时保持核心区域的稳定。

（三）膝关节养护与康复训练方法

1. 单腿屈膝四方位伸腿

①练习要求：单腿支撑，上体正直保持中立位，两臂自然维持平衡，支撑腿屈膝下蹲，同时另一条腿向前、侧、后等方向伸出，每个方向进行 3—5 次，双腿交替练习，可进行多组练习。

②练习要点：注意力主要集中在膝关节用力和动作速度与节奏的控制上，同时保持核心区域的稳定。

2. 侧弓步前后侧交叉蹲

①练习要求：侧弓步，上体直立。弓步蹬地，两腿前后交叉下蹲，蹬跨腿蹬地还原，每个动作进行 3—5 次，双腿交替，可进行多组练习。

②练习要点：注意力主要集中在膝关节用力和动作速度与节奏的控制上，同时保持核心区域的稳定。

（四）踝关节养护与康复训练方法

1. 半球站立单腿侧摆腿

①练习要求：单腿站立于半球上，保持上体直立，双腿交替侧向摆动，每侧进行 3—5 次，可进行多组练习。

②练习要点：注意力主要集中在膝关节用力和动作速度与节奏的控制上，同时保持核心区域的稳定。

2. 半球站立燕式平衡

①练习要求：单腿屈膝半蹲于半球上，上体正直；两臂侧平举维持平衡，同时另一腿向后上方伸展，成燕式平衡，动作维持 10—15s。

②练习要点：注意力主要集中在膝关节用力和动作速度与节奏的控制上，同时保持核心区域的稳定。

3. 半球上下跳

①练习要求：上体正直立于地面，双腿屈膝下蹲，双臂自然后摆，双脚蹬地跳上半球，维持稳定，进行 10—15 次，可进行多组练习。

②练习要点：注意力主要集中在踝关节用力和动作控制上，同时保持核心区域的稳定。

第五章　青少年运动体能训练的常见问题

竞赛或是为儿童提供与同伴一起玩耍的机会，能够让参与其中的儿童感到自己是团队中的一员，这对塑造孩子的性格至关重要，有利于培养他们的毅力、团队合作精神和良好的体育精神，促进生理成熟。如果引导得当，比赛将有益于儿童的全面发展，并在其成长和社会交往中发挥积极的作用。比赛能够让儿童有机会将训练中学到的运动技能和战术技巧应用到运动实战当中，他们经历过成败，便能树立受益终生的各种价值观，但是，现在有很多竞争性的训练计划对儿童身心的要求过于苛刻。这不仅会对其成长产生伤害，还可能让儿童失去参与运动的兴趣，在运动天赋还未完全发挥之前就已早早退出。因此，教练员和父母应该将比赛视为更好培养儿童运动技能和社交能力的方式，帮助他们增进与同伴的互动和交流，而不是作为冠军速成的手段。在运动和比赛中获得的积极体验，有助于日后积极生活方式的养成，或许这比成为一名冠军运动员更具有深远的意义。

第一节　放弃运动现象

仅在美国，就有超过四千五百万儿童参加了形式各异的竞技体育运动。然而遗憾的是，其中 70%—80% 的孩子到了 15 岁之后就已经从所参与的项目中退出了。考虑到参与运动给儿童带来的身心方面的积极影响，笔者认为，让孩子保持对运动的兴趣、积极参与其中并将这份热爱延续到他们长大成人，才是最正确的选择。

当然，有些孩子参与运动的目的只是出于个人喜爱或锻炼身体，并没有提升运动技能的想法。因此，要在运动环境中保障这类儿童的安全。而对于那些想要提升运动表现和竞技水平的儿童，也要为他们提供参与训练和比赛的机会。然而，一个实质性的问题在于，我们总是急于求成，过早地让胜负取代了乐趣。如此一来，很多未来可能成为运动员的孩子就此止步，因为他们无法承受比赛带来的压力，也就早早地退出了运动。此外，有些孩子只是把玩耍和锻炼当作缓解生活中紧张情绪的方式，或是从家庭问题中暂时解脱出来的途径。而比赛胜负带来的压力会让他们对运动失望，从而转向一种"久坐少动"的生活方式，这种生活方式对健康带来的负面影响可想而知。

比赛很重要，获胜很重要，但是，过早地强调竞争或取胜，而忽视了乐趣，就会让很多孩子远离运动，也将继续面临 70% 的退出率。

在与孩子的访谈中，可以发现他们有很多退出运动的原因，包括以下几种。

一、丧失兴趣

孩子们对某项运动失去兴趣是很正常的事情，尤其是当这项运动是由父母单方面选定的时候。有些孩子喜欢锻炼和玩耍，但是不喜欢有组织的体育活动。这种情况很容易理解。因此，面对注册并加入运动队的儿童，教练员应当通过多样化的训练方法让练习和比赛变得充满乐趣。更为重要的是，不应过分强调输赢。积极增强团队的凝聚力，为所有的队员加油喝彩，不要吝惜"非常棒！""干得漂亮！""哇哦，你很拼！"之类的赞许，这类充满正能量的鼓舞能够让运动员体验到更多的乐趣，而不是纠结于比赛的胜负。如果只关注事物的一面性，兴趣自然会荡然无存。所以，建立团队精神的最大障碍就是兴趣的丧失。

二、乐趣不再

如果参与运动的感受由"乐此不疲"变成了"例行公事"，那么说明只有一种可能，参与运动的乐趣遭到了剥夺，取而代之的是竞争、压力和对能力的自我怀疑。这种情形应当避免出现在早年的比赛之中。尽管需要对胜利的渴望，但是对 8—13 岁的孩子而言，运动就是为了体验乐趣。教练员和父母的职责是要让孩子们通过运动体验到乐趣，并且努力营造一种氛围，让运动能力不足的队员能够感到自己是团队的一分子，同时坚信自己可以做出重要的贡献。

三、挤占时间

一旦运动员入选了运动队，那么他就将与这支团队共同成长，无论场上还是场下，必须遵守有关的规定、遵循严格的时间安排。对于 10 岁的冰球运动员而言，每周进行两场比赛、完成两次冰上练习以及一次陆地体能训练的安排非常普遍。然而对于同龄的在校学生而言，他们本质上还是孩子，每周五天的冰球活动显得过于严苛，但是运动员的标准就是如此。对于年幼或低水平的儿童来说，每周可以进行一场比赛和一次训练。有的时候，尤其是 5—7 岁的孩子，他们只需在比赛前练习 30min 即可。父母一定要明白什么对孩子才是最重要的，然后让孩子参加到最合适的训练计划当中，让他们成为真正意义上的"孩子"。

四、过分求胜

获胜往往被视作可以取代一切，甚至被认为可以以损害正确的战术和团队合作为代价。特别是在儿童的比赛中，进球得分和投篮命中的运动员总会得到喝彩和掌声，但是传球和防守的队员经常被视而不见。事实上，我们总是太过于强调胜利和得分。当然，每位父母的内心深处都希望自己的孩子能够得分！但是，如果此时过分强调进球或取胜，将会忽视对重要技能和技术的学习，而它们对于运动员进入更高技能水平阶段至关重要。毫无疑问，得分固然重要，但是缺少势在必得的助攻，任何得分都无从谈起！考虑到获胜已在父母和教练员的头脑中根深蒂固，因此笔者建议教练员在比赛结束后或训练开始前利用几分钟的时间回顾一下比赛中的亮点和不足。对教练员而言，一个良好的方式是在执教时以赢得比赛的名义强调技战术技能和团队配合的重要性。

第二节　比赛引发的问题

儿童喜欢相互竞争，父母们更是如此！为了满足自己对比赛的渴望，父母和教练员可能会为孩子制订难度太大的训练计划。即使儿童能够承受身体上的挑战，但是在心理上很难处理好训练和比赛带来的高压情绪。教练员和父母要么过早地把儿童置于要求苛刻的训练和比赛日程中，要么始终让孩子处于比赛多、训练少的环境下，这两种经常被采用的方式最终会让孩子感到疲惫。

一、过早的竞争

部分儿童是在有组织的竞赛中第一次接触到某项运动的。通常在 4 岁时，他们就开始加入组织体系完备的运动联盟，正式的规则、裁判员、统一的队服一样不少，而在比赛中取胜更是首要目标。

在美国，儿童在 3—5 岁就要开始参加游泳和体操的比赛，5—6 岁的儿童已经开始参加田径、摔跤、棒球或足球比赛了。在巴西，6 岁的儿童开始出现在足球和游泳的赛场上。

与此同时，令人震惊的事件层出不穷。在 20 世纪 80 年代后期，一名 9 岁的女孩在美国亚利桑那州的凤凰城跑完了整场马拉松比赛。几年后，一名 12 岁的女孩在旧金山跑完了同样里程的马拉松比赛。难道这些赛事的组织方，尤其是这些孩子的父母，就不关心孩子的健康吗？就不担心早期训练过度、消耗过大影响发育并造成营养系统受损吗？

过早地参与比赛是一种向儿童施压的方式。在开始训练的前一两年里，父母或教练员就会让孩子报名参加市级、省级乃至国家级的比赛。艰苦的训练和充满挑战的比赛让教练员将高强度的训练施加在青少年运动员身上。很多时候，这种方式的确能够让孩子早早达到运动表现的巅峰，而他们的表现也的确不可思议。但是负面结果是，这些小运动员身心健康被过早地透支，失去了待到身心成熟时在比赛中创造卓越成绩的机会。等到他们长大，有些人早已从运动中退出，而留下的很多运动员则很难重现自己青少年时期的辉煌。更糟的是，这些运动员可能全身上下都受到软组织伤病的困扰，因为身体系统在发育的过程中就已经经历了重复性的肌肉拉伤。如果全年进行高强度的训练并密集地参加多项运动，却很少得到休息和恢复的话，那么这些青少年运动员极可能被多种软组织伤病缠身。除此之外，很多研究都表明，如果孩子们是在父母的鼓励下享受运动的快乐，那么他们就会觉得体育这类活动充满乐趣。

在田径项目中，儿童参加的项目包括 400m 跑、800m 跑以及 1 500m 跑，这对他们的身心是极大的考验。参加这些项目需要具有良好的训练基础，因为它们对速度、速度耐力、无氧耐力和有氧耐力的要求很高。同样，儿童在进入发育成熟期之前进行三级跳远练习，也会产生一些负面影响，因为在完成这个项目的过程中会对身体造成一连串的反复冲击。这些冲击力不会像在疾行跳远时，可以靠沙土和触地时的屈膝动作进行缓冲，而是会直接作用于脊柱。尚未成熟的肌肉和韧带稳定系统无法承受如此强大的地面反作用力，因此会引发背部疼痛。8 岁及以上的儿童才能参加这种对起跳力量和地面冲力承受度有较高要求的三级跳远练习。在许多欧洲国家，青少年只有在年满 16 岁且具有充分的训练背景的情况下，才被允许参加 400m 跑和三级跳远项目。

二、过多的竞争

在为青少年运动员制订训练计划时，教练员和体育教师经常会参考职业运动员比赛的数量。以加拿大的冰球运动为例，在冰球项目中，8—10 岁的孩子每个赛季要参加 60—80 场比赛。这个赛制产生的逻辑来自职业运动员每个赛季要参加 80 场比赛，所以要想成为职业运动员，就要和他们一样！

相比之下，在苏联的训练体系处于全盛时期时（20世纪50—80年代），集体类项目训练课与比赛的数量比为4∶1。也就是说，每场比赛之前，孩子们已经接受了四堂训练课。但是在北美洲，很多集体类项目的儿童参加训练和比赛的比例能够达到1∶1，就已经算是幸运的了。在冰球运动中，这个比例更是严重偏离，每进行三场比赛却只安排一堂训练课。请问孩子们哪儿还有时间练习技能、发展体能？在冰球、棒球、足球和篮球这些集体类项目中，孩子们常常周末还要参加比赛。因此，在这种情况下，训练课与比赛次数的比例或许要远远低于1∶1。所以无论是技术水平、身体素质的提升还是赛后的恢复进程都变得很缓慢，与此同时，儿童的情感负荷也远远超出了他们能承受的水平。

在如田径、体操和滑雪（游泳可不必归入）等个人项目中，训练与比赛的比例比上文提及的项目理想得多，大约为8∶1或10∶1。

我们必须意识到，儿童早期取得的成功并不能代表日后可以同样取得，同时也不能保证他们会成为明日之星。儿童时期的成功意味着要参加更多的比赛，由此带来的是心理压力的倍增和技能的欠缺。儿童参加的比赛次数越多，练习的数量就会越少，最终将直接导致技能熟练程度的下降和运动表现的弱化。因此，儿童训练的基本原则是提高练习效果并降低竞赛频率。这样不仅有望实现职业水平的提升，还有望能取得更高的成就。

三、过分强调胜利

如果我们的出发点是要培养出优秀的运动员，那么在我们为儿童制订的训练计划中，就要重视技能的发展而非赢得胜利。过分强调获胜会让孩子倍感压力，限制运动技能的提升。最坏的结果则是让他们朝着错误的方向越走越远。

发展儿童技能的最佳途径是为他们提供一个有趣、轻松、安全的练习环境。这样的环境很难在竞技体育的训练计划中见到。很多时候，太过频繁的比赛让孩子缺少足够的时间去练习那些可以帮助他们成为优秀运动员的技能。

有些联赛，如冰球项目，小孩子在一个赛季中要进行80场比赛，他们几乎没有时间用于技能的发展。在比赛的时候，孩子们更多的是在运用技能，而非发展各种技能，但是，若这些技能在实际运用之前，并没有得到很好的练习和发展，那么最终获得强化的只是那些错误的技术并会形成不良的运动习惯。错误的技术习惯一旦形成，要想改正将非常困难。这类错误的技术在低水平的阶段或许有用，但显然不适用于更高水平的竞争。

假设一名教练员希望把一名10岁的业余摔跤选手培养成顶尖的摔跤运动员，他可以向这个选手传授一些酷炫的摔法，其一旦掌握就将在同龄运动员中脱颖而出。然而，当这名选手长到14岁时，由于之前的力量和爆发力基础不足以让他学习正确的技术，他的摔跤技法将捉襟见肘。他曾经将大量的时间用于练习摔法，而不是发展坚实的技术基础。因此，与其他可以更好地完成一些摔跤制胜所必需的基础技能（如腿部进攻）的14岁选手相比，这名选手的提升似乎会遭遇瓶颈。

四、晚熟儿童遭到歧视

一味追求获胜的教练员通常喜欢让最好的运动员上场。然而，这些运动员往往是那些发育较早的孩子，他们身材更加高大、身体更加强壮、移动更加快速，同时他们的耐力更加持久。结果，很多运动队的首发阵容都被这样的孩子占据着，而那些晚熟的孩子只能当替补。

在儿童时期，早熟的儿童毫无疑问都会成为更好的运动员，但是，很多研究表明，晚熟的儿童成年后在某项运动上达到国际水准的潜力更大。实际上，早在20世纪80年代，一些东欧国家为了在体育界占据统治地位，就把运动天赋识别的对象从早熟儿童转移到了晚熟儿童[1]。经验表明，早熟儿童达到预期评估的比例有限。而晚熟儿童则表现出了一致性，他们通常都能够达到较高的运动水平，该结论在足球运动中也得到了印证。

和早熟儿童相比，晚熟儿童的青春期生长高峰出现在生长期较晚的阶段，并且持续的时间也更久。因此，晚熟孩子成年后的运动能力发展水平要优于早熟儿童。然而遗憾的是，在很多儿童的训练计划中，因为过分强调输赢，晚熟的孩子并没有获得同等的参与机会。这些孩子往往在很多方面遭受了歧视。

五、运动损伤风险

高强度训练除了会造成身心层面的过度透支以外，还常常会导致运动损伤。在很多情况中，儿童训练计划的制订通常缺少长期的考量。父母和教练员更希望能够尽快提高成绩。因此，教练员并没有将更多的精力用于强化儿童自身的解剖结构对各种力量和压力源的适应。一旦教练员忽视了韧带、肌腱、软骨以及肌肉组织的状态，那么训练计划就将缺少损伤预防的部分。这方面的不足加之高强度

---

[1] 谢月宁，陈春燕，苏江锋，等.骨龄测评软件在矮身材、性早熟儿童身高管理中的应用[J].心血管外科杂志（电子版），2018，7（1）：77-78.

的训练，最终必将导致运动损伤。我们一再强调全方面发展的重要性，尤其在运动启蒙阶段和运动能力形成阶段。在运动员的生涯中，首要任务是让自身的解剖结构适应各种力量和压力源，这一过程要十分小心和谨慎。只有将一定的时间用于强化韧带、肌腱、关节及软骨，然后通过适宜的训练计划让身体所有的肌肉组织参与到练习之中，夯实力量基础，才能为将来的速度、耐力、爆发力，甚至更高水平的力量表现的实现增加助力。

教练员应利用一定的时间教授运动员正确的热身方式，并提高其对赛前准备活动的重视程度。一些简单的练习往往因为对比赛没有建设性作用而被忽视。但它们对强化解剖结构和预防损伤来说必不可少。

从基本的练习开始，青少年运动员最终可以学会处理各类新的压力，从而建立起损伤预防的基础。即便受伤，他们也能够用正确有效的办法康复。参与运动不可避免地会出现伤病，尤其是身体接触类的项目，但是，逐渐建立起来的身体基础能够更好地承受高强度的激烈比赛和训练。

第三节　适合参加比赛的孩子的特质

大多数情况下，做出参赛决定的都是父母和教练员，而非孩子自己，但是，那些为儿童做出决定的父母和教练员应该遵循以下五点指导建议。

①只有当孩子做好充分准备的时候，才能为孩子报名参加比赛。这种充分准备包括动机准备充分（即孩子有参加比赛的主动意愿）、技能表现达到适宜水平、运动能力符合比赛需要。

②确保参赛的首要目的是体验乐趣、学习各种技能，包括实现某种技术、战术或身体方面的目标（如在比赛中能完成五次精彩的传球）。

③对于个人运动项目（如跑步、游泳、划船和滑雪等），应当组织技能比赛，拥有最佳技术表现的参赛者为获胜方。对技能的重视能够让运动员在之后的发展中获得益处，有效地避免比赛带来的生理应激反应和训练过度的问题。

④不鼓励 7 岁以下的孩子参加竞争性比赛。这些孩子完全可以在非竞争的环境下测试自己的技能水平。如果孩子自己想要参加正式比赛，那么要时刻强调体验乐趣！

⑤儿童只有到了 12—13 岁才能明白比赛的意义以及技术和能力对成败的影响。因此，儿童参加正式比赛的年龄应当从 11 岁或 12 岁开始。

第四节　如何预防压力和倦怠

压力是一种认知和行为体验过程。无论在何种级别的比赛中，过大的压力都会带来如失眠、食欲缺乏和赛前生病等负面影响。

如果仅仅在表现优异的时候才能获得父母的关爱和赞赏，那么孩子的压力水平也会处于较高的状态。在大多数的情况下，儿童群体很难应对来自父母、教练员以及同伴的压力。

与比赛相关的压力主要体现在赛前、赛中和赛后三个阶段。

①赛前压力表现为对自己表现不佳的担忧，害怕自己的表现达不到队友的期望，无法为整个团队做出应有的贡献。通常会出现睡眠紊乱、坐立不安、小便频繁以及腹泻的情况。

②赛中压力表现为担心失误。会由于极度焦虑而错失机会，表现不佳；对教练员或队友的批评非常敏感；缺乏活力，脸色苍白以及哆嗦发抖。

③赛后压力通常在输掉一场比赛或个人表现不佳时出现。表现为嗜睡、抑郁、情绪低落和易怒，刻意与家人和同伴保持距离，食欲缺乏、睡眠紊乱、不愿参加训练，甚至不愿在接下来的训练中出现。

倦怠是由训练和比赛引起的长期紧张所导致的。倦怠的症状包括缺乏活力、疲惫、失眠、易怒、头疼、丧失信心、抑郁以及运动表现下降。有些人甚至无法继续参加比赛。

以下技巧能够帮助运动员在很大程度上预防压力和倦怠的出现。

①珍惜训练和比赛的美好时光。享受与朋友们在一起的时刻和不断提高自身的过程。为自己设定一些与比赛结果并不直接相关的目标。

②将比赛表现与个人的自尊心分离（尤其是针对具体的任务）。不要将比赛失利的责任全部强加于自己。设置一些自己能够实现的目标，且满足于每次目标的达成。

③培养自己对所从事的运动项目以外的活动的兴趣。不要让比赛表现完全主宰自己的生活，养成一些非运动的爱好，如唱歌、绘画等。

④把运动当成乐事，不为别的，只为快乐。

⑤抽出时间让自己放松，享受家人和朋友的陪伴。

⑥记住运动只是一场游戏而已。

⑦学会自嘲，接受犯错和失败，并从中汲取教训，同时也要学会享受成功。运动只是生活的一部分，一场比赛的失利完全可以被生活中其他的开心事冲淡。

教练员可以借鉴以下建议帮助运动员避免出现倦怠情绪。

①留意运动员情绪低落的表现（如缺乏热情、易怒以及水平下滑）。

②丰富训练形式，增加训练的乐趣。

③帮助运动员平衡生活中的各个方面。

④鼓励运动员发展运动之外的兴趣爱好。

⑤正确认识运动的功能（该项内容同样适用于运动员和教练员）。

⑥最重要的是，强调更好地完成技能而不是获得好成绩。

教练员也可以在训练中穿插一些其他活动，防止运动员因压力过大而产生倦怠。

第五节　青少年运动员体能训练误区

尽管当前的训练方法仍有待完善，但是绝大部分运动项目的体能训练并非新奇之物。一些教练员虽然对训练的时机、训练的负荷以及采取何种训练设备心存疑惑，但古代奥林匹克运动员可没有思考过如此之多的问题。他们只是通过举起沉重的石头来提升力量，从而获得更好的竞技表现。

19世纪末，体能训练在田径、体操和赛艇项目中成为非常重要的一部分。长距离跑、举哑铃以及推实心球成为提升耐力和力量的普遍方法。

教练员将从短跑、跳高以及投掷等田径项目借鉴而来的训练方法应用在集体类项目后，运动员的身体能力得到了提升。

之后，一些体育器材公司开始意识到可以通过推销各种训练设备来拓展市场。20世纪80年代，很多最初效果不甚理想的训练设备和器材开始大规模涌入市场。每家公司都声称使用自己的训练器械能极大提高竞技表现。有些训练器械甚至可以在线购买，它们几乎遍布北美绝大多数的训练场所。

将新器材、新设备用于提升运动员的速度和力量表现无可厚非，但是让儿童也使用这些器材就是另一回事了。儿童真的需要使用阻力训练伞来提升速度，或者在稳定球（瑞士球）上通过哑铃胸部推举来提升核心力量吗？让他们练习俯卧撑、引体向上或者发展控制身体所需的力量难道不是更好的选择吗？这才是练习核心力量的有效方式，而不仅仅是在一个球上进行哑铃推举！虽然在特定的时间、特定的地点的确需要稳定球，然而，这类器材与其说对运动员备战比赛或者增强年轻运动员的身体力量有效，倒不如说对健身更加实用。

尽管当前诸如使用阻力训练伞或者通过稳定球提升核心力量等新颖的练习方法存在一定的训练误区，但是其支持者并没有意识到他们的推广理念通常基于愚昧无知或者对体育科学的重大误解。环顾一下这些器材的支持者，我们不禁怀疑，他们乐此不疲的热情到底出于不诚实还是真的无知。他们是在寻求自我推销以及丰厚的利润回报，还是仅仅因为缺乏对生物力学和运动训练学基础知识的认知？

我们并不是要完全责备这些器材的生产商。毕竟他们只是想在竞争激烈的市场上求得生存，但是，接受过高等教育的人士以及参加过生物力学和运动训练学课程的教练员理应对这些器材效果的优劣有着更为清晰的认识。

这也是我们以专业视角指出一些训练理念谬误的同时分享一些训练理念可取之处的初衷。当然，我们提供帮助的目标群体并非那些拥有丰富经验的教练员，因为他们完全可以运用已有的知识体系防御很多谬误的"侵袭"。新晋的私人教练员、青年教练员、家长以及高校毕业生才是我们重点关注的人群，因为他们更容易轻信新颖却毫无效果的训练器材的推销员。儿童需要学会移动自己的身体，并逐渐适应针对主动肌的训练。这就意味着应当遵循周期训练理念，把身体当作最主要的器材，比如自身负重练习。之后，随着运动员的身体逐渐发育成熟，再将实心球和自由力量训练等借助外部负荷的练习增加到训练计划当中。当身体在自然的身体动作下，被迫跑得更快、跳得更高、举得更重时，核心肌群就会获得更大强度的刺激。因此，青少年的训练根本无需新颖花哨的器材，练习内容以及方法围绕主动肌展开即可。下面是由此引发的两点思考。

①不要一味追求新颖的方法和器材，只有适合项目需求的才是正确的选择。

②根据项目特征，只选择能够明确发展主动肌的训练器材和设备。

一、练习与适应

对于许多训练指导人士和教练员而言，研讨会是其接触新理念的良好媒介，但是在很多情况下，报告者通常都会推介一些新的练习方法，似乎每种方法都可以取得较为惊人的实质效果。然而，他们很少将解剖组织适应性和神经肌肉适应性作为提升运动表现的基本要素。我们应当记住，运动表现的提升主要依靠训练方法以及高级生理学原则的应用，而非一定来自前沿的新型练习。那些热衷于练习方法和新式训练器材的人士应当时刻记住选择练习的主要原则。

①应当针对主动肌（即执行各项技能的肌群）的发展确定练习方式，这才是训练的基本要义。因此，应当选择能够发展专项肌群的练习方式和器材。

②应当根据不同的训练阶段选择训练方式，因为每个阶段都有着不同的目标，练习方法必须符合身体素质训练的要求。

③应当根据专项或者训练阶段中的主要供能系统，选择练习内容和训练方法。

合理地选择练习方法非常重要，但是要切记，只有当一项练习能够发展你的主动肌时，它才具有必要性。反复纠结于完成仰卧推举是选择在训练凳上还是在稳定球上，无异于浪费时间。就训练而言，仰卧推举练习在何种支撑平面上完成并不重要。进行该项练习的基本目标是在整个动作范围之内产生一个持续的加速度。仰卧推举开始时，快肌纤维得到募集以抵抗惯性和杠铃的重量。随着将杠铃向上推起，需要尽可能产生最大加速度。在这种情况下，同一部位的快肌纤维收缩速率会显著增加。

二、误区一：平衡能力训练

自 20 世纪 50 年代以来，有种理论认为平衡性训练是运动员获得优异比赛成绩所必需的训练之一。在 1960 年之后的很短时间内，东欧国家就已经结束了关于平衡性训练是否能够对运动表现产生影响的测试，平衡性训练没有再作为训练的独立部分被提及。然而，自 20 世纪 90 年代末以来，美国的运动器材生产商开始推销各种平衡板、平衡球以及摇板等器材，并且宣称这些器材能够对运动表现产生积极的作用。

我们经常会看到 10—12 岁的儿童站在平衡摇板上进行接住投掷过来的实心球的练习。这种练习的目的是提升平衡能力。事实上，当儿童参加各种体育活动并进行各种动作模式时，平衡性自然会得到提升。也许一些教练员会提出，运动员在平衡球上训练之后，能够获得更好的平衡能力表现。这是因为神经系统具有较强的适应力，所以得到这样的训练效果并不令人意外。然而，在比赛时，运动员是否真的可以将这种平衡能力延续到稳定的环境（比如操场或者地板）之中呢？答案是否定的。之前的一些假设认为，在不平衡的表面训练能够在更大程度上激活核心，但事实上，这种观点已被证明是错误的，而且这种训练能极大提升力量的观点也已经被证明是一个伪命题。笔者曾经目睹过一名青少年高尔夫球手站立在稳定球上进行深蹲练习。这种训练不仅会大大增加受伤的概率，而且练习的收效甚微。

　　尽管生物力学的解释已经言之确凿，但有些人仍然认为平衡性训练应当同力量训练与灵敏性训练一样作为独立的训练板块而存在。但事实上，发展平衡能力只能看作诸如力量、速度、灵敏和柔韧性等训练的附加效果。我们应当清醒地意识到，销售这些器材的公司通常正是这些会议的赞助商甚至是组织方。许多所谓平衡性训练方面的专家会召开一些研讨会，推荐特定器材与练习方法，并将其作为促进未来运动表现提升的关键。平衡性训练的推广者在总体上缺乏对运动训练的科学理解，他们聘请的教练员和报告人也是如此。

　　平衡性训练的推广者称，运动员在以倾斜姿态奔跑时需要保持平衡，而平衡性训练恰好能够让运动员保持倾斜的奔跑姿态而不会跌倒。然而，倾斜姿态的维系并不属于平衡性的问题，该姿态的维系是因为其符合基本的生物力学原理。

　　运动员在奔跑过程中，产生离心力的同时，相反方向上将存在着相同大小的向心力。此时，如果运动员施加于地面的力量与地面垂直或者处于动态平衡的状态，那么运动员就不可能摔倒，但是，如果施加力量的方向与地面相切，那么运动员将不能保持动态平衡，并且不管他有没有进行过平衡性训练，都将摔倒。正是这种对运动科学的基本误读才造成了目前平衡性训练的再次兴起，包括对其作用的过度渲染。

　　这些售卖的声称可以提升平衡能力的器材几乎不会对运动员的表现产生积极的影响。因为在平衡板上维持身体的平衡具有一定的挑战性，所以处于运动启蒙阶段的儿童，包括幼儿园的孩子的确会喜欢上这些平衡性训练。然而，对于任何一名拥有良好运动科学基础的学生而言，宣称这些练习能够对运动训练产生积极作用或者重复这些练习能够提高运动员的成绩都是不可取的。

三、误区二：稳定肌训练

　　稳定肌是用于稳定或固定骨骼位置的较小肌肉，主要在主动肌牵拉时提供稳固的平台。例如，膝关节伸展过程中，腘绳肌（位于膝关节后面）会进行等长收缩，在稳定大腿的同时，让小腿有效运动。同样的，在肘关节弯曲（如坐姿前臂弯举）时，肩关节、上臂以及腹肌进行等长收缩，固定肩关节和上臂，为肱二头肌的拉伸提供稳定平台。其他类似的肌肉通常也被称作固定肌，获得刺激后能够稳定肢体或身体的某个部位，以协助完成更好的机械运动。

　　近年来，一些人提出了稳定肌训练的必要性，并且认为如果稳定肌发展不佳就会限制主动肌的最大力学效率。与平衡性训练一样，有些人将稳定肌训练视为又一个博取名声的契机，运动器材制造商也非常愿意将其作为旗下产品的新卖点。其中，最为流行的稳定肌训练器材当属稳定球（瑞士球）。北美的健身俱乐部会员几乎放弃了传统的仰卧推举练习。更糟的情况是，稳定球训练已经成为运动员训练计划的内容。似乎突然之间，曾经在仰卧推举训练中的旧式长凳可以作为纪念品封存起来了。

除了稳定球之外，还有很多其他器材被创造出来，流行风潮已经开始影响器材的使用。有时新型训练器材使用的夸张程度甚至让人怀疑这到底是在进行运动训练还是在进行马戏团的练习。围绕这些器材的练习方法也被发明出来，如仰卧在稳定球上进行各种哑铃推举的练习等。虽然某些特殊技能的习得需要完成这种马戏团表演似的练习，但是它究竟能够带来多大程度的运动能力提升尚值得怀疑。当然，提升的效果的确会显现，但也仅限于在平衡球上完成练习的表现效果，并且几乎不会在其他项目上产生任何迁移效果。更为重要的是，有些在平衡球上进行的练习相当危险，尤其是对于缺乏经验的推举练习者来说，我们为什么要在发展运动能力的早期阶段就采用这样的训练？一旦出现损伤，接下来教练员和平衡球的制造商就有可能遭到起诉。

盲目夸大稳定肌的训练需求将会浪费大量的时间和金钱。因为，人体如同一台运行完美的机器，其高效性始终让科学家啧啧称奇。而身体极强的可塑性能够快速适应各种复杂环境，无论好与坏。运动员一旦在运动中正确使用主动肌，那么就可以建立一个循序渐进的训练计划，通过练习项目需求的动作模式强化身体的所有肌群。由于生理学上激活溢出或弥散机制的存在，教练员和运动员对此无需过分担心，尤其是在稳定肌的专门训练方面。

我们可以举一个简单的示例说明神经冲动的弥散现象。主动肌在执行训练任务的时候，关节周围的肌群都会被激活。换言之，激活溢出不仅涉及协同肌，还包括稳定肌。例如，四头肌被刺激以进行腿部伸展的训练。这个动作也能唤醒激活其他肌肉，包括承担稳定肌角色的腘绳肌。这意味着，在膝关节伸展过程中，四头肌收缩以克服阻力，同时腘绳肌收缩以稳固膝关节。

上述案例说明，当一个区域的肌肉受到刺激收缩时，稳定肌也会同时收缩。因此，肌肉收缩不仅会加强目标肌群——主动肌（四头肌）的力量，还会增加弥散效应影响下的肌肉的力量（腘绳肌）。所以，专门利用新器材进行马戏团似的练习以发展稳定肌实际上是一种浪费时间的做法。

将稳定肌训练与核心力量训练作为新式训练大肆推广的宣传者认为，这类训练的主要效果在于预防损伤。不过，这种声明可能又是一次臆造的解释。专业人士都应该知道，绝大多数运动损伤发生在韧带和肌腱部位，而非肌肉组织。运动损伤诊所的病例比例能够证明这一观点。稳定肌是受伤概率最低的肌肉。那么，又何必将如此之多的时间和金钱用在不需要担心的地方呢？

对稳定肌练习需求的过分强调将以牺牲训练适应性为代价。训练中采用的练习方法种类越多，那么每种练习的组数就会越低。因此，训练适应性就会降低，训练的有效性也就会随之受到质疑。切记，重要的不是练习的种类，而是练习所体现的动作模式。

四、误区三：核心力量训练

核心力量或人体核心区力量训练，同样也是受追捧的新颖训练理念。核心力量的新式理念中并没有体现独创之处，它对运动表现提升的作用微乎其微。绝大多数此类练习都是在平衡球上开展循环训练，其他的一些噱头则是为了证明核心力量训练的必要性。

身体的核心部位对大多数项目的动作练习非常重要，以下案例说明了强大的核心力量的重要性。

①以站姿进行斜方肌提拉练习（站姿负重划船），双脚开立，手臂沿腿部两侧向上提拉杠铃或哑铃。随着手臂和肩关节的收缩，手臂屈曲提拉至胸部，腹部肌群和背部肌群（包括竖脊肌）收缩稳定躯干，保证手臂能够自如顺畅地完成提拉动作。如果没有核心肌群的支撑，主动肌将无法完成该动作。

②排球中的扣球动作是最具动态特征的运动行为之一，但是一旦缺少了核心肌群的支撑，那么该动作就无法高效地完成。扣球时，核心肌群收缩以稳定躯干，保证腿部能够完成爆发性的起跳，让手臂在腾空时完成扣杀动作。

③在奔跑、跳跃、进行实心球练习时，躯干肌群都会收缩以稳定躯干，保证腿部和手臂能完成运动任务。

部分人的练习远远偏离了核心力量训练的初衷，他们的训练不仅滑稽，甚至危险。这些练习极易对运动训练领域以及力量训练的重要性产生负面影响。一些健身指导教练使用的较为可笑的练习方式是让练习者单腿站在平衡软榻上面，然后屈曲髋关节，让提起的一侧腿前伸，尽可能地触碰地面，然后支撑腿伸展再返回到站姿。他们声称该项训练对所有强调变向的运动项目都有帮助，同时，还能够提升滑雪、冲浪和单板滑雪等项目的运动员的平衡能力。但事实上，所有专业训练人士都知道这项练习几乎不会产生任何效果。

我们不希望用过多的笔墨探讨练习是否有利于提升运动表现，之前也提到了平衡能力训练中的误区。除非身体施力或身体施重的方式正确，否则仅靠前面所说的练习不可能有效提升平衡能力。这事关运动力学问题，并不存在什么独特之处。因此，无须进行这类增强身体核心力量的新式练习方法，因为许多传统的重量练习都是通过前文提及的激活溢出作用实现核心力量的提升的。

五、误区四：高速跑步机训练

20世纪90年代，健身行业推出了一款高速跑步机，并声称该跑步机能帮助运动员有效提升最大跑步速度。与其他大多数跑步机一样，高速跑步机上配有一根运转速度可达41.8km/h的传送带。运动员要努力在传送带上达到自身的最大跑动速度，以匹配跑步机的传送速度。尽管这类设备已出现在大多数的运动训练机构中，但是笔者仍然对其宣称的"有效提升最大跑动速度"的观点存有怀疑。事实上，高速跑步机在家长和教练员中有着不错的接受度，然而它真的对速度提升有效吗？灵敏性是速度训练中的一项重要因素，但高速跑步机能否在增加速度的同时兼顾灵敏性训练呢？

事实是高速跑步机并不能成为提升运动专项速度的有效工具。当跑步机处于最大速度时，运动员实际上只是在跑台上滑过而已，而速度的提升要求脚部接触地面并完成发力蹬地。在稳定的平面上最能提升速度，因为地面反作用力会在脚部接触的瞬间达到最大。该效果只有经过传统的速度训练并配合长期抗阻训练才可能实现。

下面将通过冲刺跑过程中的三个要素，解释高速跑步机不能有效提升跑动速度的原因。

（一）步长

跑步者的步长与蹬伸离地阶段的蹬地力量（即脚对地面的作用力）直接相关。跑步者的步长会随着脚部蹬地力量的增加而增加，使前导腿的大腿与地面平行，实现最大步长。在跑步机上时，跑台提供的传送速度会超过跑步者能达到的最大速度。为了跟上跑台的速度，跑步者必须提高跑速。在这种情况下，运动员的跑步动作就会发生某些变化。由于向前推进的速度已经达到了最大限度，唯一的可能就是增加跑步的频率。结果是运动员只能以牺牲蹬地力量换取步频的增加。然而，蹬地力量没有增至最大时，跑步速度就不可能达到最大。跑台的最大传送速度已经超越了跑步者的能力范围，因此跑步者在被动跟随该速度的跑动过程中，已经无法再去改变其他任何因素了。所以，高速跑步机不能增加跑步者的步长，就是因为跑台运转速度太高，以至于运动员根本没有时间向地面（这里指跑台）

施加最大的蹬力。跑台过快的传输速度，完全没有留给运动员向跑台施加最大蹬力的时间。没有最大的蹬地力量，最大步长就无从谈起。

（二）蹬伸离地阶段

蹬伸离地阶段是另一个提升跑步者速度的重要因素。随着腿部向地面施加更大的作用力，脚与地面接触（即腿部蹬离地面）的时间就会随之减少。所以，提速的关键就是缩短触地阶段的时长。这只有通过提升腿部力量（即三重伸展肌群——踝、膝和髋共同作用下生成的力量）才能实现。然而，跑台传送带的疾速移动并非来自跑步者蹬地力量的增加。传送带的速度由外部机械运动主导，与提升施加在地面上的力量无关。因此，高速跑步机无法提升运动员的跑步速度。满足在稳定的地面上增加蹬地的力量这一条件时，运动员的跑步速度才会得到有效提升。当跑台传送带在运动员脚下移动并逐渐远离运动员时，这一条件就已经无法成立了。运动员根本没有时间向地面施加力量。

（三）步频

在众多因素中，冲刺跑的步频由运动员的身高或腿的长度决定。矮个子的运动员通常具有更高的步频，但是他们很少能够成为精英运动员。步频固然很重要，但它并不是速度的决定性因素。因为在跑步机上的快速跑动并不会对跑台施加更大的力量，因此高步频的获得必须以牺牲蹬伸离地阶段的蹬地力量为代价。几乎所有人，包括速度慢于常人的跑步者都可以在空中（即蹬伸离地阶段与向下落地的时间段）快速移动双腿，因此步频并不能弥补蹬地力量的不足。要想有效地增加步频，就必须减少脚部与地面接触的时间，这是增加蹬地力量、提升速度的唯一办法。既然跑步机上的速度训练无法增加蹬地力量，那么在跑步机上的快速跑动练习就等于浪费时间和金钱。教练员带队训练的时间非常有限，因此，要把有限的时间用在对运动员和团队表现提升有着真正促进作用的练习上面。

有些昂贵的跑步机，也被称为加速度训练设备，会用绳索或牵引绳牵拉运动员向前奔跑，但是这些新式设备的训练效果甚至还比不上传统跑步机的功效。因为若以高于平常的速度拉动运动员向前奔跑，那么运动员就不会有更多的时间用于增加蹬离地面的力量。切记，不增加蹬地的力量，不缩短脚部与地面的接触时间，就不可能获得最大速度的提升！

除此之外，在跑步机上快跑还会遇到其他挑战。当一名跑步者在被动状态下适应外部增加的速度时，他就会以牺牲步长为代价加快步频，这将改变跑步的力学机制。支撑腿蹬地时膝关节无法完全伸展，而摆动腿不能在身体后方向上摆动至臀部；蹬地腿的不完全伸展，还会导致向前跨步时大腿不能达到水平位置。与此同时，躯干可能会有一定程度的后仰，因此中心垂直方向的轨迹就会发生改变。此外，在跑步机上跑步还会改变肌肉的激活模式，甚至影响快肌纤维的募集方式，这些都不利于最大速度的提升。随着蹬伸离地时间的缩短、蹬地力量的减少，在缺少最大力量的情况下快肌纤维收缩的数量就会减少。最终的结果是速度的下降，以及损伤概率的增加。因此，如果你想提升队员冲刺跑的能力，那就去改善他的蹬地力量吧！

六、误区五：抗阻跑训练

事实上，不同形式的抗阻训练由来已久，尤其进入 20 世纪以来，阻力训练日益盛行。其中抗阻雪橇或阻力绳练习就是典型的阻力跑训练。在这类训练中，运动员拖拉地上的阻力雪橇以实现对抗阻力的跑动练习。运动员还可以使用系于腰间的阻力带进行简单的练习。

抗阻雪橇或者阻力绳等形式的阻力跑练习，其目的是通过对抗拉力或阻力来增加腿部力量。尽管使用这两种训练器材会给训练带来很多帮助，但是其能否达到预期的训练目的令人怀疑。

运动员在竭尽全力克服阻力的过程中，会体验到蹬地力量增加、新陈代谢困难（如乳酸堆积）或二者皆有的身体挑战。这类练习，尤其是在负重较大的情况下，是否有助于速度和功率的提升尚存质疑。通过这类训练，运动员腿部的力量无疑会得到提升，然而对于最大速度的改善或许不那么近如人意。最大速度必须是在运动员快速发力的前提下才能得到提升。

阻力绳跑动练习的确具有一些积极的效果，但是它并不能提供提高最大速度所需的条件。通常情况下，阻力绳训练会采用以下两种主要练习方式。

（一）让运动员在跑动中克服阻力

运动员需要通过尽可能快速地向前跑动，募集到更多的快肌纤维收缩以对抗阻力。这非常利于腿部力量的发展。但是，这种练习形式不会获得提高最大速度的预期效果，因为向地面施加力量的时间太过漫长了。

（二）快速跑动的过程中放开阻力绳

在教练员释放了系在运动员腰间的阻力绳之后，运动员会感觉速度有了明显的提升，但是这或许只是一种错觉。为了产生更高的跑动速度，运动员就必须对地面施加更大的力量。否则，阻力带松开之后产生的向前动量只能维持 2—4 步。

练习者之所以能体验到冲劲儿主要有以下两方面的原因。

①阻力的消除（即阻力带的释放）。

②运动员重心前移，超越了身体的基础支撑点，使得运动员只有加快速度才能避免失去平衡。

阻力绳释放后产生的动量并未转化成最大速度，而是在时间上有所延长。因为，正如之前的讨论，提升跑步速度最重要的因素是要在施力阶段快速蹬地。任何人为营造出的加速错觉都不会对速度提升带来任何帮助！

然而，阻力雪橇或者阻力绳练习的确可以带来一些器械推销者并未注意到的训练效果。作为间歇性训练的一种形式，它有助于无氧耐力表现的提升。我们可以通过短时重复（5—10s）发展磷酸肌酸系统供能下的无氧耐力，或者通过再长一点时间的重复（20—45s）提升乳酸堆积的耐受能力。

七、误区六：阻力伞训练

阻力伞通常也被称作爆发力体能训练伞（包括阻力可调节或不可调节两种类型），旨在提升速度或加速能力。运动员起跑时将阻力伞系于腰部。起跑后的开始阶段，运动员需要抵抗逐渐增加的空气阻力（阻力伞完全打开后会形成更大的阻力）。跑动 20—40m 之后，释放阻力伞，运动员将会体验到瞬间的提速或加速。

接下来我们对阻力伞训练的积极作用进行具体的分析和讨论。在使用阻力伞进行抗阻训练的初期阶段，由于可以募集更多的快肌纤维来抵抗渐增的阻力，因此具有一定的积极作用。与阻力绳跑动练习相似，阻力伞产生的阻力要求运动员有更大的力量输出，因此能够提升运动员的腿部力量。然而，这一理论成立的前提是阻力伞在运动员身后不能产生晃动。但事实上，大多数阻力伞在运动员跑动时都存在不稳定性（它们会向两边或垂直方向偏移），因此跑动中对抗逐渐增加的空气阻力的训练效果又会被身体晃动产生的负面影响所抵消。遗憾的是，一些人将阻力伞的不稳定性造成的负面影响视为提升平衡能力以及身体核心力量的契机！除此之外，阻力伞练习虽然具有良好的健身作用，然而对运动表现提升的作用微乎其微。因为，尽管阻力伞可以提升腿部力量或磷酸肌酸系统的无氧耐力，但是对速度表现没有作用。其训练效果同那些高速训练器材的效果如出一辙：脚与地面接触的时间增加了，而运动员的跑步速度却下降了。

同阻力雪橇和阻力绳一样，释放阻力伞后获得的动力只是暂时的错觉。你想提升运动员的最大速度吗？那请避免这个误区，努力提升腿部力量吧！这样才能缩短脚与地面的接触时间。

八、误区七：登山跑训练

在上坡或下坡面上进行登山跑练习是集体类项目比较常用的训练方式。鉴于运动员数量较多，训练器材及其场地条件要求较高，针对集体类项目运动员的力量和速度训练计划通常有较大的实施难度。而在户外上山或下山跑是一种提升运动员体能状况相对容易且经济的方式。在训练安排中，登山跑练习易于组织和实施，整支运动队可以同时进行训练，有利于高效地利用时间。

当然，高效的训练计划应当具有明确的目标，而构成该目标的一系列阶段任务则需要通过各种形式的训练来完成。在实际训练过程中，人们通常将上山跑作为提升爆发力的练习。然而，训练中坡度的使用对于速度的提升并无实质性帮助，它只会改善总体的健康水平。如果运动的主要目的是维持心血管健康以及增强体质，那么这种练习是不错的选择。接下来的部分将就不同地形跑动练习的效果以及如何有效利用这些练习进行介绍。

（一）上坡跑

当问及为何进行上坡跑练习时，通常会得到一致的回答：为了提升腿部力量和速度。最早推崇上坡跑的人群来自田径项目中的中长跑教练员，之后被越来越多的人群使用，尤其在准备阶段的初期，包括足球、英式橄榄球、长曲棍球等集体类项目的运动员都进行上坡跑练习。

在上坡跑练习中，运动员在特定的时间内要跑 25—50m，然后慢跑返回起跑点。每次间歇休息 1—2min。训练强度取决于跑步距离、所需时间和坡度大小。超过 10° 的斜坡具有很大的难度。

虽然上坡跑练习对运动员来说帮助很大，但它发挥作用的机制与外界宣称的不尽相同。要想通过上坡跑练习发展腿部力量，就必须用比平时更快的速度完成蹬伸离地阶段的蹬地动作。至于速度水平的提升，可以参见"误区四"和"误区五"中相关训练的讨论。任何提升速度表现的训练都要快速且具有爆发性。在上坡跑时，蹬伸离地阶段应当极具动态性，与反应力量训练相似。因为要让练习动作有助于爆发力的发展，蹬伸离地阶段的时间应当保持在 200ms 以下。而在上坡跑时，蹬地的时间最快也要 300ms 左右。因此，上坡跑练习可以增加力量和爆发力的说法没有任何依据。

当然，上坡跑练习的确可以提高心肺系统的功能。运动员上坡跑时心率可达 170 次 / 分钟。这说明该项练习可以将更多的血液泵送到参与练习的肌群之中，使心脏机能得到加强。

准备期的中间阶段是开始进行上坡跑练习、发展心肺系统的最佳时段，之后便可进入有氧训练。训练安排和组织可以采用间歇训练的方法：在一段完整时间内，按照特定的间歇时间进行固定距离的重复训练（比如，每7—8s跑30m，重复8组，组间休息1min）。从训练计划的视角来看，你也可以在准备期训练课的第二个环节，也就是有氧运动或慢跑之后安排上坡跑练习。

合理的上坡跑计划可以针对性地训练供能系统。

①在小于15°的斜坡上进行磷酸肌酸系统供能的重复运动，尽可能加快速度。每次练习持续5—8s，重复6—15次，间歇休息3min以上。

②在小于10°的斜坡上进行无氧糖酵解系统供能的重复运动，速度要快，但要稳定。每次练习持续1—30s，重复6—10次，间歇休息1—2min。

③由于斜坡的坡度通常都是天然形成的，所以教练员有时也会苦于在公园或露天场地找不到适合训练的斜坡。要发挥创造力，发现或改造出最能满足运动员心血管功能需求的斜坡或小山。

（二）坡度低于3°的下坡跑

尽管登山跑或上坡跑已经十分流行，但是下坡跑并没有广为人知，因此也很少有人采用这种方式训练。为了开发更多的短跑训练方法，尤其是为了打破速度限制，德国的运动学家针对下坡跑是否有效进行了实验。研究结果表明，当坡度不大于3°（即低于地平线3°）时，下坡跑可以有效提升跑动速度。为了提升加速能力，突破速度瓶颈，德国的一些训练中心专门建设了30—50m长、坡度为3°的短距离跑道。

大于3°（如低于地平线5°—7°）的斜坡会对运动员的跑步机制产生不良影响，因为脚部与地面的接触时间延长，导致最大速度降低。这同跑步机高速跑训练的效果相同。短跑运动员在大于3°的斜坡上进行下坡跑时，由于遇到了未知环境，造成脚与地面的接触时间增加。身体的本体感受器（专门检测新刺激的神经细胞）通过传入神经元向中枢神经系统发送神经冲动。中枢神经系统会分析运动员感知到的新环境，传出神经元将神经冲动由中枢神经系统送达正在工作的肌肉，并且传递出保持身体平衡的信息。接下来，蹬伸离地阶段的动作才会继而完成。神经冲动从肌肉产生又传回的过程中，脚与地面的接触时间增加，造成信息传输延迟，最终跑动速度就会下降。

（三）坡度大于5°的下坡跑

在大于5°的斜坡上进行跑动练习，其潜在的积极效果在于可以提升腿部的离心力量。运动员在低于地平线 7°—15° 的斜坡上短跑时，股四头肌必须克服重力的作用。下坡的坡度越大，肌肉收缩克服重力的张力程度就要越大。同时，随着坡度的逐渐增加，肌肉收缩的时间也会随之增加，由此导致肌肉保持张力的时间延长。最终，增加的肌肉张力转化为离心力量水平的提升。事实上，肌肉张力究竟来自向心收缩还是离心收缩并不重要，但每种肌肉收缩形式最终都能够提高肌肉力量。

教练员可以将下坡跑作为一种提升力量的训练方式，尤其是在准备期的中段至末段。同样，教练员也可以找到一个合适的山坡进行短跑训练，教授运动员正确的跑步和减速技巧。下坡跑和上坡跑不同，它可以提供一个有趣而又高效的环境供运动员进行学习、练习和多样化训练。

九、误区八：摆臂强化训练

运动员双手持哑铃进行摆臂练习旨在增加摆臂动作的频率和速度，强化摆臂的功率。然而，与其他训练的误区一样，该项训练的提出者错误地理解了肌肉工作的机制——执行有效的摆臂动作的肌肉是背阔肌而非肱二头肌。

①摆臂的功率和频率影响的是腿部向前的速度和频率。

②手臂向后摆动的力量影响的是对侧腿驱动向前的力量和速率。

③手臂的拉力影响其后摆的速度。因此，背阔肌的收缩程度决定了手臂摆动的频率和对侧腿向前动作的序列。

④双手持器械的抗阻摆臂练习，收缩的是肱二头肌而不是背阔肌。当背阔肌的收缩幅度很小时，也就不会产生强有力的摆臂动作。因此，并不会对跑步速度产生积极的作用。

⑤该项练习应当用于健身，而非运动训练。

双手持哑铃的摆臂练习完全没有正确地反映短跑专项动作，其主张者完全忽视了构成短跑动作的各个要素。

十、对其他问题的再思考

我们不可能对市场上所有的运动产品都进行测评，但人们可能会说凡是有助于运动表现提升的产品就值得拥有。虽然从健身养生的角度看，这个说法是对的，因为锻炼的主要目的是促进健康、增强体质，增强锻炼的趣味性和多样性可以为生活添加一些"调料"，这也是商家营销时的卖点，然而在运动训练领域并非如此。如今，教练员用于专项性训练的时间非常有限，尤其是力量和速度训练。他们需要将有限的时间用于激发运动员的最大潜能并提升他们的运动能力，而不是将时间耗费在谬见和噱头上，纠结于那些名不副实的无效新器械。教练员最好能够坚持那些可以改善运动员力量、速度以及耐力的传统训练方法。接下来，本书将对一些市场上的器材产品可能存在的训练效果进行讨论，当然包括其中部分产品的无效作用。

（一）脚踝屈伸滚轴

尽管关于柔韧性训练的重要性已经无需赘言，但是，对于一些用于发展运动员柔韧性的错误技术我们仍然需要进行讨论。当然，还需要强调的是，集体类项目运动员是踝关节柔韧性最差的运动员群体。

踝关节是集体类项目运动员最常忽视的身体关节。脚踝屈伸滚轴能够有效改善运动员的踝关节屈伸表现。脚踝的柔韧性，尤其是跖屈（即足尖下垂，远离胫骨）和背屈（即脚趾上钩，屈向胫骨）在集体类项目中非常重要，很多动作如起跳、下蹲、原地前倾接球以及足球中的踢射低平球等都要求脚踝有良好的柔韧性。然而，绝大多数的运动队以及运动员很少安排主动或被动拉伸脚踝的训练内容。

（二）弹跳鞋

弹跳鞋又叫圆底鞋，推出时旨在有效地发展跳跃能力。练习时，运动员穿着弹跳鞋连续进行反向跳跃，即在一定时间内完成既定次数的起跳、落地的连续跳跃练习。弹跳鞋前鞋底部分较厚，整体用一种弹性材料制成，能够让运动员感觉到更高的跳跃高度。该鞋一经推出，笔者就非常怀疑其宣传的效果，因为运动员跳跃后增加的高度主要来自鞋底的弹性材料而非肌肉活动。这与那些装有弹簧的鞋子、靴子一样。这种具有特殊功能的运动鞋并不能提升跳跃能力。

穿着弹跳鞋进行跳跃练习是典型的反应式跳跃（即脚的跖球部连续跳跃而整个过程足跟不接触地面）。然而，反应式跳跃需要借助于肌肉活动，而不是人工产品引发的比目鱼肌和腓肠肌活动。当跖球部与地面接触时，会拉伸上述两块肌肉，刺激牵张反射做出反应，从而引发肌肉收缩。

肌梭是负责探测肌纤维快速拉长的主要感受器，它能够对肌纤维变化的强度和频率做出反应。来自肌梭的感觉冲动传送至脊髓神经后，神经中枢立刻发出神经冲动，刺激肌肉收缩。然而，任何依赖人为方法的跳跃都不会改变骨骼肌的长度。这也就意味着牵张反射没有得到激发，因此，弹跳鞋练习根本不能有效提升腿部功率。

此种人为手段或方法不能提升跳跃爆发力的另一个原因在于，拮抗肌受到抑制的动作神经元会降低主动肌的兴奋性。因为，关节运动的效果主要受到互为主动肌和拮抗剂的一对肌群之间工作差异的影响，在交互抑制反射的作用下，拮抗肌兴奋性的降低也会增强对主动肌的抑制作用。因此，这些人为的方法几乎不会刺激肌肉的收缩，再次印证了弹跳鞋或弹跳靴并不会对跳跃爆发力的提升产生作用。

（三）抗阻带或抗阻绳

抗阻带或抗阻绳于1954年起开始在训练中使用。时至今日，为促进健康、加强力量而进行的健身、运动训练以及康复活动仍在使用抗阻带。个人使用抗阻带（绳）进行锻炼是因为能够很容易地针对目标肌群进行精准训练。由于练习时可以将抗阻带（绳）轻松固定，因此这种简易廉价的训练器材适用于不同肌群的各式练习。

拉动抗阻带（绳）时会产生阻力，拉力越大，阻力就会越大。因此，抗阻带练习计划的进阶主要根据抗阻带的弹力以及练习时使用弹力带的数量。如果一根抗阻带的阻力过小，那么运动员还可以再增加一根。在使用抗阻带时要考虑以下几项内容。

①由于抗阻带的阻力随着拉伸幅度的增大而增加，因此拉伸训练的效果只有在拉伸的末端才能获得。

②在使用自由重量器材进行力量训练时，阻力产生于动作开始阶段，最大力量用于对抗杠铃或哑铃的惯性。而在接近动作结束时，则使用相对较小的力量。此时，自由重量器材的训练效果和抗阻带的训练效果就能起到互补作用。

③抗阻带最适用于个人项目的耐力训练，如游泳、皮划艇等项目，大量重复练习可以发展专项所需的肌肉耐力。

④由于抗阻带（绳）的阻力相对较低，因此它对于成年运动员或者具有良好力量训练基础的运动员没有显著效果。换言之，抗阻带（绳）对儿童和年轻运动员十分有用。当然，随着弹力绳的拉长，阻力也在不断地增加，从而会对关节产生更大的拉力。因此，如果这种拉力对韧带造成了过度拉伸，也会增加损伤的风险。

⑤任何旨在发展功率表现的练习或训练中，都需要在整个动作过程中持续加速，并在释放的瞬间达到最大速度。离开持续性的加速，快缩肌纤维的收缩速率就会降低，也就不可能提升功率表现。

因此，抗阻带（绳）并不能够提升专项功率和力量。目前市场上出现了很多使用阻力带的所谓"专项练习"，每种练习都宣称能够提高最大速度以及跳跃爆发力，但是，请记住一点，如果你想提升运动员的力量和速度，那么就请配合传统力量训练器材和设备进行专项练习！

（四）高速跑训练带

自 20 世纪 80 年代后期，各种宣称能够发展速度的拉力牵引器材相继出现。这些器材的研发者自以为使用弹力带或弹性绳索牵拉运动员向前奔跑就比正常情况下的冲刺跑练习更能够刺激神经肌肉系统并最终提升他们的最大速度。然而，如前文所述，如抗阻雪橇或抗阻绳等个别器材可能会略有效果，但是绝大多数此类拉力器材并不能实现冲刺跑过程中肌肉力学或者生理学的收缩，因此无法提升运动员的速度表现。

在双人高速跑练习中，位于前方的运动员向前跑动牵拉弹力带。当弹力带被拉伸到最大程度时，跑在后面的一方就被人为地向前拉动并保持高速跑动。推广者认为这种人为的向前快速拉动能够提升最大速度。

事实上，最大加速度的获得并非来自被动地牵拉身体向前，而是推动身体向前。在进行高速跑动时，运动员腿部在蹬伸离地阶段强有力的蹬地主导身体向前（例如，冰球项目中的蹬冰或者游泳和水球项目中对抗水中阻力时的拉—推式的划水动作）。推进动作越用力，接触地面的时间就会越短。最终，运动员能够更快地向前跑动。

有研究表明顶级短跑运动员通常都具有很短的触地时间（100—200ms）；而普通短跑运动员的触地时间往往会超过 200ms。因此，运动员在冲刺跑中具有的高速表现源于有力且快速的蹬地动作，而不是人为方式下的牵拉结果。运动员触地时间越短，发力的速度就会越快，因此运动员就会获得更高的跑速。可见，使用弹力带拉动运动员向前以提高速度完全是一个错误的做法。

更进一步地说，当用拉力牵引器或弹性绳索拉动运动员向前跑动时，只会降低跑速而不是增加跑速。人为的牵拉会将运动员的着地腿置于一个未知、混乱的神经肌肉状态。一旦脚部以生物力学上称作"非自然动作"的状态触地之后，本体感受器（能够探测刺激并做出反应的特殊神经细胞）能感知到腿部被超过常态的速度拉离地面，从而造成脚部着地时的不稳定，进而扰乱跑步的技术动作。本体感受器会将这一新的力学变化告知中枢神经系统，让其监控神经肌肉系统的状态。在运动员进入下一次有力的蹬伸离地阶段之前，这些神经行为会纠正出现的干扰因素，并稳定腿部动作。尽管传导这些神经信号并稳定身体所需的时间只有几毫秒，却足以使下落触地阶段的时间出现延迟。增加触地时间意味着冲刺速度的下降，这与提高速度的初衷背道而驰。

牵拉器材的使用还会影响到蹬伸离地阶段的蹬地力量。当运动员被教练员或是同伴拉动向前时，蹬地腿缺少足够的时间完成用力蹬地动作。随着蹬地力量减弱，下落着地阶段时间延长，运动员的跑速将会出现下降。可见，高速跑训练带的训练结果不仅没有提升运动员的跑动速度，反而造成了跑速的下降！

这种人为的牵拉还会改变跑步的力学机制。在落地腿稳定的过程中，躯干会轻微后倾，将重心移至支撑腿的后方。这是一种典型的减速姿势，既不利于加速，也不利于强有力地向前蹬地。躯干后倾还会引起附带动作，造成摆动腿的大腿向上抬起超过水平线，延长了腿部动作的时间，降低了跑速。

高速跑弹力带还被用于游泳训练中。将弹力绳索的一端系于游泳者的腰部，另一端固定在泳池壁上。游泳者从弹力绳索拉长后的弹性极限位置出发，依靠绳索收缩的弹力拉动自己游向对岸。此时，游泳者必须尽可能快地跟上绳索收缩的力量和速度。当弹力绳索的拉力停止时，游泳者的速度也就会降低。换句话说，游泳者的速度并非由本人驱动而是依靠外部人为的作用，即弹力绳索的弹性。然而，游泳者要想获得最大速度，必须增强对抗水的能力。实现该目标的唯一途径就是通过更大负荷的力量训练提高肌肉力量。

（五）侧滑步练习器

侧滑步练习器（一种需要在移动中克服弹力带阻力的训练器材）是一款宣称可以提升侧向移动速度的训练器材。然而，这种练习器械的发明者并没有正确理解快速侧向移动的机制。在任意一次快速侧向移动中，前导腿并不是滑步动作的主导腿，而是地面上的另一侧的腿（即跟随腿）。侧向移动的速度取决于跟随腿蹬离地面的力量。

不仅如此，对侧手臂向目标方向发起的短暂且快速的摆臂动作直接决定了先导腿的速度，而不是在于前导腿在移动中克服了脚踝处弹力带产生的多少阻力。切记，摆臂动作的速度，决定了先导腿的移动速度。因此，系于脚踝部位的弹力带并不会对侧滑步表现产生实质性的作用。

上述对动作机制的分析同样适用于旨在发展快速脚步动作的卡里奥卡舞步练习。先导手臂的摆动和蹬地腿之间的协调配合在各种脚步的速度训练中也是主导因素。如果你想提高侧向移动的速度，请着重提高蹬地腿的功率表现！

（六）爆发力跳跃器

爆发力跳跃器练习在推广时被认为可以提高跳跃爆发力，但是，与其他为克服弹力带（绳）阻力而进行的跳跃练习相同，在起跳瞬间需要对抗最大阻力时却是弹力带弹性最小的时刻（弹性绳索此时并未拉长）。等到弹力带可提供的阻力达到峰值时（弹性绳索被拉长至最大程度），运动员已经在空中而无法向地面施加力量。因此这种器材对功率的提高并没有效果。

（七）短跑组合训练器

短跑组合训练器是一款曲解跑步力学机制的典型器材，它错误地理解了快速跑动过程中手臂与腿部的关系以及上下肢协同工作产生最大速度的方式。在该器材的营销资料上将其组合套件的功能描述为通过直接作用于肌肉的方式帮助运动员提高最大速度！

为了给特定肌群施加阻力，短跑组合训练器将一组弹力装置系于运动员的手臂和双腿。然而，这些弹力装置全部固定了在肢体的错误部位，并没有针对参与运动的靶肌肉（即主动肌）起到锻炼效果。下面是有关跑步运动力学的分析，它能够充分证明我们的观点。

1. 手臂

当弹力带系于手臂上半部分时，阻力来自运动员的后方。为了克服这一阻力，运动员的手臂必须向前摆动，而这恰恰和跑步时的情况相反。正如前文所释，手臂后摆（不是前摆）能带动腿的速度和力量。缺乏有力的摆臂，运动员就不可能拥有较高的步频和强有力的蹬地。而主导摆臂动作的肌群并非来自肱二头肌和三角肌的前束，而是背阔肌。这块强有力的肌肉才是实现快速跑动的引擎。

可见，所谓的短跑组合训练器不仅错误地理解了跑步时的手臂动作原理，同时也没有正确分析参与跑步动作的肌群。

2. 腿部

在使用短跑组合训练器时，主要肌群并未得到有效的发展，即臀大肌（负责伸展髋关节）、股二头肌（负责支撑缓冲阶段屈曲的膝关节）、四头肌（负责在蹬地时伸展膝关节）、腓肠肌和比目鱼肌（小腿上极其重要的肌肉，负责蹬地动作）。系于膝关节下方的束带并不能有效提升脚步动作。同时小腿的前摆也不需要对抗任何阻力，只要在空中完成动作即可。短跑项目中有一句俗语："每个人都可以在空中快速地移动！"

总之，短跑组合训练器并不能训练参与跑步动作的主动肌。速度训练针对的主要肌群包括以下几种。

①背阔肌（摆臂动作的主导肌肉）。

②臀大肌（负责伸展髋关节的肌肉）。

③四头肌（蹬伸离地阶段动作的主导肌群）。

④腓肠肌和比目鱼肌（负责蹬伸离地阶段迅速有力的小腿动作，该肌群极其重要）。

短跑组合训练器或任何类似的产品并不能对运动员速度和灵敏性的提升带来任何帮助。

（八）绳梯

作为训练辅助器材的绳梯，多年来一直都在被频繁地使用。它来源于足球项目的训练，主要被用于速度和灵敏性训练。运动员在绳梯练习中可以完成前进以及后退的脚部和腿部练习。

尽管绳梯是一款非常有效的训练器材，然而它对儿童的作用更大。事实上，应当将绳梯练习作为儿童力量训练的一部分整合到计划之中。最近的研究证实，在儿童力量训练中加入绳梯练习能够有效提升变向速度的表现。然而，对于拥有良好力量和功率训练基础的成年运动员来说，绳梯练习并没有明显的效果。如果要优化优秀运动员在绳梯练习中的效果，运动员应当在训练中增加踏地力量。这种动作能够有效地刺激神经肌肉系统，让运动员继续从绳梯训练中得到帮助。如果运动员踏地力量不足，就不能发挥绳梯在发展灵敏素质中的积极作用。这一原理也同样适用于灵敏圈或带有灵敏性练习标识图案的地垫等训练器材设备。需要再次强调，这些产品对于青少年运动员而言，具有提高速度和灵敏性的作用，但是对于拥有良好力量和功率训练背景的高水平运动员则没有显著效果。

切记，在训练时需要加大蹬地力量，才能实现爆发力、灵敏性、快速步伐以及反应能力的提高。

（九）反应球

反应球或灵敏球是行业推出的、最为成功的灵敏性和反应训练器材。因为这种乒乓大小的球的表面有四块或四块以上的凸起，运动员无法预测球在撞击地面或墙壁后反弹的方向。

借助反应球进行不同的练习，能够缩短运动员的移动时间（即迅速移动肢体至不同方向）和反应时间。具体练习方式如下。

①将球掷向墙壁，然后尽可能快地接住。

②将球掷向地面，当球从地面弹向墙壁，并再次反弹回来时，尽可能接住它。

③面向两面墙壁形成的夹角，将球掷向其中一面墙壁使其反弹至另一面墙壁并最终弹回地面，然后尽可能快地接住球。

反应球反弹时的不可预测性要求运动员必须专注于动作并尽可能快地对球反弹的方向做出反应。这种相对廉价的器材可以用于个人或小组训练，并且对各个年龄段的人群都有积极的作用。

参考文献

[1] 万柄军. 青少年运动员多元培养体系的协同与构建 [M]. 北京：科学出版社，2017.

[2] 王卫星. 高水平运动员体能训练的新方法 [M]. 北京：北京体育大学出版社，2013.

[3] 卢楚英，李国飞. 体能训练模式融入中职学校体育教学的应用分析 [J]. 现代职业教育，2019（8）：50-51.

[4] 张锦璞，王军利，张思奇，等. 运动干预纤维肌痛综合征有效性的 Meta 分析 [J]. 中国组织工程研究，2024，28（32）：5210-5216.

[5] 王英英. 羽毛球体能训练器械用不同胶粘剂的胶接性能测试 [J]. 粘接，2023，50（11）：41-44.

[6] 董润峰，梁宏斌，王黎明，等. CNT 对 5052 铝合金体能训练器材组织和力学性能的影响 [J]. 合成纤维，2023，52（11）：87-90.

[7] 袁茵. 基于模糊数学的高校大学生体能训练水平综合评价系统 [J]. 自动化技术与应用，2023，42（11）：155-159.

[8] 费东鹏. 我国优秀拳击运动员赛前训练的理论与实践 [J]. 拳击与格斗，2023（10）：4-6.

[9] 刘广胜，韩炜，郭文，等. 中国优秀残疾人羽毛球运动员肩袖损伤的康复体能训练个案研究 [J]. 中国体育科技，2023，59（10）：13-21.

[10] 孟强. 技术的器官学之思 [J]. 哲学动态，2023（8）：111-117.

[11] 高炳宏. 我国现代体能训练的现状、问题与发展路径 [J]. 体育学研究，2019，2（2）：73-81.

[12] 张俊杰，李会超，郭成根，等. 现代体能训练理念与方法融入高校公共体育的现状与对策 [J]. 中国学校卫生，2021，42（11）：1605-1608.

[13] 秦毅妮，吴春香. 青少年田径运动员专项体能训练有效途径研究 [J]. 青少年体育，2019（3）：102.

[14] 丁佳佳．田径教学中体能训练方法及提升措施分析 [J]．田径，2023（5）：38-39．

[15] 杨晓光．体能训练理论与实践的结合研究：评《体育教学与训练的理论和实践探索》[J]．当代教育科学，2015（16）：70．

[16] 黄开放，刘子恒，仰金星，等．现代科技助力高水平运动员训练恢复的功能价值与实现路径 [J]．体育研究与教育，2023，38（6）：79-84．

[17] 谢月宁，陈春燕，苏江锋，等．骨龄测评软件在矮身材、性早熟儿童身高管理中的应用 [J]．心血管外科杂志（电子版），2018，7（1）：77-78．

[18] 贾晓玮，程士娜，马红娜，等．肌内效贴联合瑞士球运动对腰椎间盘突出症的腰椎活动度和日常活动障碍的影响 [J]．广东医学，2023，44（1）：59-62．

[19] 李延安，李周平．对加热二氧化氮平衡球出现异常现象的探究 [J]．中学化学教学参考，2023（10）：56-58．

[20] 唐耕．多模式肌力康复评估训练装置的研制 [J]．机电技术，2023（3）：47-51．

[21] 宋旭峰．我国体能教练专业化培养体系研究 [D]．石家庄：河北师范大学，2012．

[22] 王洋．基于 VR 技术的乒乓球启蒙辅助教学系统设计与应用研究 [D]．石家庄：河北师范大学，2023．